Qual o seu tipo de PERSONALIDADE?

Dados Internacionais de Catalogação na Publicação (CIP)
(Câmara Brasileira do Livro, SP, Brasil)

Böschemeyer, Uwe
Qual o seu tipo de personalidade? : guia fácil do eneagrama / Uwe Böschemeyer ; tradução de Enio Paulo Giachini. – Petrópolis, RJ : Vozes, 2018.

Título original : Das heitere Enneagramm : eine verständliche und humorvolle Typenlehre
ISBN 978-85-326-5526-4

1. Eneagrama 2. Personalidade I. Título.

17-05763 CDD-155.26

Índices para catálogo sistemático:
1. Eneagrama : Personalidade : Tipologia : Psicologia 155.26

Uwe Böschemeyer

Qual o seu tipo de PERSONALIDADE?

Guia fácil do eneagrama

Tradução de Enio Paulo Giachini

— VOZES —
NOBILIS

Título do original em alemão: *Das heitere Enneagramm. Eine verständliche und humorvolle Typenlehre*, Uwe Böschemeyer

---

Editoração: Leonardo A.R.T. dos Santos
Diagramação: Sandra Bretz
Revisão gráfica: Fernando Sergio Olivetti da Rocha
Capa: Sheilandre Desenv. Gráfico
Ilustrações: Alexandre Maranhão

ISBN 978-85-326-5526-4 (Brasil)
ISBN 978-3-8319-0544-7 (Alemanha)

Editado conforme o novo acordo ortográfico.

Este livro foi composto e impresso pela Editora Vozes Ltda.

Sumário

Introdução aos nove tipos

Penso que já é tempo de começarmos a lidar uns com os outros com mais cordialidade, pois vivemos numa época que exige de nós mais do que convém ao nosso ânimo.

Um dos principais requisitos para haver maior cordialidade é o conhecimento do ser humano. É bem verdade que no século XX vivenciamos muita coisa sobre nós mesmos, todavia priorizamos mais nosso lado obscuro em detrimento de nosso lado lúcido. Talvez isso tenha sido importante e necessário, do contrário não teríamos encontrado diversas fontes de nossos problemas. Mas, para além de todos os meandros profundos de nossa alma, parece-me que não buscamos suficientemente o lado bem-humorado, alegre e sereno da vida.

Para tomar pé realmente do que devemos levar em consideração sobre alguém, é importante não ignorar seus pontos fracos, porém mais importante é visualizar bem suas *possibilidades reais*. Se eu interpelo alguém dessa forma, logo verei a pessoa se abrir e voltar-se para aquilo que ela é em realidade. Um pequeno exemplo:

> Seguidamente encontrava-se sentado diante de mim um homem de boa aparência, mas um tanto inibido, muitas vezes com o canto da boca pendido. Senti que ele pareceria muito mais amável se – de acordo com suas possibilidades – submetesse esses traços de seu rosto a uma mudança de direcionamento. Ele poderia fazer uma caminhada por alguma rua conhecida de Hamburgo por uma meia hora, reparando e estudando as reações das pessoas à sua nova aparência. Vocês podem imaginar sua reação a essa ideia incomum.

Quando chegou para a seguinte sessão, ele sorria um pouco perturbado e logo disse: "Como o senhor deve ter percebido, na última vez que estive aqui fiquei muito irritado com a sugestão que o senhor me fez. Apesar disso, experimentei fazer o que me aconselhou. O 'sucesso' foi estupendo. Há muitos anos não me sentia tão bem-aceito e tratado com cordialidade por tantas pessoas, em tão curto espaço de tempo. Compreendi algo muito importante".

A doutrina tipológica do eneagrama (em grego, nove transcrições) é um importante modo de acesso a um conhecimento que ficou inacessível por um muito tempo. Como disse um conhecedor do assunto, essas nove faces são um "achado para a psicologia".

É muito provável que o eneagrama provenha da tradição da sabedoria oriental. O certo é que George Ivanovitsch Gurdjieff (1877-1940), um mestre espiritual, tornou-o acessível ao Ocidente. Mas só bem recentemente ele acabou difundido pelo mundo afora. O eneagrama descreve nove modelos de personalidade, que se distinguem no *pensar*, no *sentir* e no *agir*. Isso significa que cada tipo vê o mundo de uma maneira diferente do outro; portanto, a cada vez de uma perspectiva diversa. Se essas "nove faces da alma" nos fossem familiares, se as observássemos, respeitássemos e dela tirássemos conclusões concretas, o trato conosco e com os outros seria muito mais fácil, a vida seria mais leve.

1) O *reformador* não se conforma facilmente com aquilo que está dado. Ele quer mudança – modificar a si mesmo e de preferência o mundo todo.

2) O *auxiliador* precisa ser necessário. O que faz sentido para ele é estar sempre disponível para ajudar os outros.

3) *A pessoa de sucesso* quer ser admirada. E para isso ela produz muito.

4) O *romântico* ama o que é especial. Por isso, se põe à caça do tesouro distante.

5) O *observador* precisa de distância, de si, dos outros e da vida.

6) O *leal* busca a comunhão com os outros. Comunhão é a base fundamental de sua vida.

7) O *caçador de felicidade* é alegre e sereno. Para ele não há nada mais importante do que a busca de prazer, alegria e felicidade.

8) O *chefe* quer liderar; ele é forte, consciente da responsabilidade e decidido.

9) O *original* é aquele que vive "tranquilamente na terra"; entrega-se prazerosamente a seu mundo interior, onde ele se sente em casa.

O eneagrama não é apenas uma teoria. São muitas figuras oníricas típicas que o confirmam. Isso também é visível a todo aquele que lida profissionalmente com pessoas e não se exime de avaliar a veracidade desse tesouro do conhecimento humano.

Conhecedores sérios têm certeza de que a doutrina das "nove faces da alma" não é uma moda passageira, mas segundo todas as prospectivas irá compor o rol dos mais seguros conhecimentos psicológicos dos próximos decênios.

Eu já trabalho com o eneagrama há muitos anos. Ele me desafia não apenas a observar atentamente armadilhas e emboscadas, fraquezas e ameaças, mas também e de modo especial, dons, preferências e possibilidades. Pois, na medida em que uma pessoa reconhece, sente e trabalha os *dois* polos que compõem seu tipo, irá modificar sua vida.

Para mim e meus clientes, o eneagrama tem prestado grande auxílio. Também meus colaboradores e alunos não o dispensam nem um dia sequer. Mesmo assim, sempre que apresento essa ideia em algum evento, deparo-me imediatamente com o ceticismo de alguns. Mas logo que eles o conhecem mais de perto, ficam admirados com sua precisão.

Já escrevi, anteriormente, um livro sobre o eneagrama[1]. Todavia, sempre me vi tentado com a ideia de escrever um livro mais divertido sobre o tema. Há duas razões para isso: Por um lado, com o avançar da idade, começo a experimentar um lado mais alegre, sereno e leve da vida, tanto em mim quanto nos outros. Por outro, observei algumas manifestações divertidas dos diversos tipos, ligadas com um humor mais ou menos espirituoso. Por tudo isso, resolvi finalmente levar a efeito esse desejo.

1 BÖSCHEMEYER, U. *Vom Typ zum Original* – Die neun Gesichter der Seele. Und das eigene Gesicht. BoD, Norderstedt.

E como ficam nossas peculiaridades?

Sem ser uma afirmação irônica, certa vez o grande conhecedor da natureza humana C.G. Jung disse que "a individualidade é uma dessas fatualidades contingentes que, por causa de sua importância prática, são supervalorizadas; não pertence àquelas realidades gerais sumamente claras e que por isso se impõem por si mesmas"[2]. Sem querer sondar os pressupostos dessa afirmação, considero-a extremamente libertadora. Por quê? Porque essa frase afirma que a peculiaridade própria de uma pessoa humana não deve ser compreendida de forma tão radical como a gente normalmente pensa. Ao contrário, ela insere o indivíduo na grande família humana. Quero demonstrar o que isso significa através de um exemplo tirado do universo animal:

Imagine um lugar onde vinte cães pulam e brincam. Você vê cães e nada mais que cães. Você consegue distinguir, talvez, forma, cor e curso dos movimentos, mas todos são cães entre cães. Todos pertencem à *espécie* cães.

Olhando com mais atenção, você percebe, porém, que os sete cães próximos a você, os cinco no meio da praça, os quatro no final e os quatro bem à direita se parecem. Quem alguma vez conviveu com cães sabe que seis deles são vira-latas, cinco são *dogs*, quatro são são-bernardo e os outros são bassê. Já se fala de *tipologia*.

---

2 JUNG, C.G. *Heros und Mutterarchetyp* (Grundwerk, vol. 8), p. 13.

Se você prestar mais atenção aos cinco *dogs*, por exemplo, perceberá que se parecem; mas mesmo assim, cada um é diferente dos outros. Cada um é único – e como poderia ser diferente? –, um *indivíduo*.

Queiramos ou não, o que se aplica às outras cocriaturas serve também para nós, seres humanos.

É bem verdade que concordamos que todos pertencemos a uma mesma *espécie*. Dificilmente se poderá negar esse fato. Concordamos plenamente inclusive que temos uma *característica própria*. Mas se alguém se atrever a afirmar que, além disso, pertencemos a um *tipo*, logo recebe o *cartão vermelho*.

Todavia, desde a Antiguidade, os pesquisadores têm procurado reunir num conjunto os diversos modos de comportamento das pessoas em tipologias fundamentais conjunturais, e isso com a intenção venerável de auxiliá-las no corpo e na alma, e *não* para poder classificá-los em categorias como se fossem "gavetas".

Observações prévias acalentadoras sobre o eneagrama

Não, ninguém de nós *é* um tipo – muito embora existam tipos! –, mas cada um de nós tem um tipo. Vejo um grande valor nessa afirmação! É por isso também que nenhum de nós é o "primeiro", o "quinto" ou o "nono". Na minha opinião, quem se serve desses conceitos não faz justiça ao interesse primordial do eneagrama. E qual seria esse interesse? De modo mais profundo que antes – atravessar o invólucro de nossa tipologia na direção de nosso núcleo, para deixar transparecer e nos permitir visualizar nossa individualidade, nossa originalidade, nosso si-mesmo e tirar proveito disso.

Quem consegue compreender que é detentor de um determinado tipo, compreende igualmente que pertence a ele uma série de inclinações, modos de pensar, sentir e agir, pelos quais ele não precisa se desculpar simplesmente porque outras pessoas se comportam de maneira diversa, pois têm uma outra tipologia. (Não é evidente, p. ex., que um bassê é muito mais belicoso que um são-bernardo?)

O fato de que nós, como as plantas e os animais, pertencemos tanto a uma espécie quanto a um tipo, e que, além disso, somos indivíduos como as outras criaturas, isso é ofensivo apenas para quem não leva suficientemente a sério essa realidade. Mas será que ali não restará suficiente liberdade de configuração para nós, seres humanos, nem se poderá ser mais humano que antes? Será que isso não é um desafio importante?

Queiramos ou não – todo e qualquer ser humano faz parte de *um* tipo. (Será que um vira-lata pode se transmutar num *dog*?) Todavia, cada um é influenciado pelo seu tipo próximo; assim, por exemplo – a "pessoa de sucesso" é influenciada pelo "auxiliador" ou pelo "romântico". Mas quanto mais maduro se vai se tornando um ser humano, quanto mais for ampliando a formação de sua personalidade, tanto mais intensamente vivenciará as possibilidades ligadas às outras tipologias, e então já não será tão fácil "tipificá-lo".

Mas uma coisa é certa: nenhum tipo é "pior" ou "melhor" do que o outro, é apenas diferente. Se alguém chegasse à ideia bizarra de querer estabelecer diferenças qualitativas, poderia se dizer que, muito provavelmente, essa pessoa sofre de baixa autoestima.

Talvez você já saiba a que tipo pertence. No caso de ainda não saber, será preciso tempo para encontrar sua própria tipologia. Não se detenha na primeira impressão. O que está em questão aqui não é um "esporte psíquico"; embora queiramos nos tornar mais divertidos e serenos, essa é uma oportunidade muito séria. Se esse pequeno livro não o ajudar suficientemente a desvendar sua própria tipologia, então você deverá estudar a literatura mais aprofundada sobre o tema ou conversar com alguém mais familiarizado com o eneagrama.

Nesta obra não quero apresentar a você uma introdução esmiuçada do eneagrama nem explicar de forma abrangente seu próprio tipo. Mas pode ser que este livro o encoraje a afrontar a montanha de livros sobre eneagrama que têm surgido nos últimos tempos.

A vida humana, como qualquer outra, está tencionada entre dois polos. Por isso, cada um de nós não é nem anjo nem demônio, mas apenas e precisamente um ser humano. Enquanto perambulamos por esse globo, vivemos entre o campo de tensão do claro e do escuro, do sucesso e do fracasso, da afirmação da vida e de sua negação. Por isso, o objetivo de nossa vida só poderá consistir em *aproximar-nos* o máximo possível do polo positivo da vida.

Aquelas passagens, portanto, nas quais me dedico a colocar os "tipos" sob a lupa da crítica referem-se a desenvolvimentos posteriores. Estar totalmente livre disso seria pura ilusão. Além do mais, significaria deixar de trabalhar em sua personalidade.

Não se admire se, "de algum modo", todos os tipos lhe parecerem conhecidos. Não poderia ser diferente. Pois sabe-se que pertencemos à espécie humana, e por isso somos parecidos e aparentados uns com os outros.

E, por favor, não remeta a si mesmo todas as propriedades do modelo de personalidade descritas ao qual você se sente pertencente. Pois naturalmente você as codeterminou como indivíduo.

Na descrição do eneagrama que se segue não apresento pessoas *concretas*, mas apenas modos de ser e de comportamento condicionados tipologicamente, como se pode observar nos diversos tipos.

Finalmente podemos começar. E alegro-me com isso, pois o "reformador" é o tipo ao qual eu próprio pertenço.

Os NOVE TIPOS

O reformador não se conforma facilmente com aquilo que está dado. Ele quer mudança – modificar a si mesmo e de preferência o mundo todo.

O reformador

Posso começar contando algo engraçado?

> "Aconteceu alguma coisa?" – pergunta o dono do bar a um homem jovem, que olha tristemente para seu copo. A contragosto, o que fora interpelado se volta para aquele que sentia pena dele e lhe diz: "Há três meses morreu meu avô e me deixou de herança 90.000 euros".
> "Mas isso é fabuloso – pensou o dono do bar –, eu sonho com isso há muito tempo. Onde está o problema nisso?"
> A ruga na testa do jovem rapaz se torna um sulco: "Há dois meses morreu minha tia e me deixou de herança 120.000 euros". O dono do bar perdeu os bons modos, soltou um breve assovio e perguntou: "Pelo amor de Deus, por que você está tão perturbado?"
> Então o jovem responde ao dono do bar, atônito: "Pois o Senhor sabe quantas heranças eu recebi no último mês? Nenhum centavo sequer, nada!"

Você certamente já desconfia com que estamos às voltas. Com alguém que tem a *tendência* de querer ser sempre mais, ter sempre mais, e poder sempre mais, com uma pessoa para a qual nada é suficiente. Por isso, ele tem a inclinação de aperfeiçoar, levar à perfeição, ou pelo menos reformar, tudo que se refere a ele e ao mundo: Conhecimento e amor, posses e sucesso, reconhecimento e vivências prazerosas, poder e influência, saúde e energia etc. Nada é suficiente para ele. Tudo tem de ser mais elevado e mais profundo, maior e mais amplo, ou propriamente tudo tem de ser mais perfeito. Não há nada que lhe desagrade tanto quanto as coisas “mais ou menos”.

As consequências dessa visão heroica de si mesmo e do mundo: o reformador tende a irritar-se e a aborrecer-se com aquilo que não corresponde a seus desejos e – sobretudo – a perder a *paciência*. Lembro até hoje da cena engraçada de um homem que, numa mistura de furor e autocontentamento, me disse: “eu me irrito com facilidade”. E poucos dias antes chegou uma jovem senhora atrasada à sessão agendada e exclamou em alta voz: “gostaria de dar uma bronca no responsável por acionar os semáforos!”

Porque o reformador tem a intenção de fazer tudo “certinho” e depois posar como bom frente aos outros, quando ele se irrita, não raro entra num dilema. Isso faz com que, por dentro, ele xingue, enquanto por fora faz o jogo das boas maneiras.

Isso tudo me é bastante familiar, sobretudo dos anos em que eu era mais jovem. E hoje? Se hoje tenho a chance de pregar um prego na parede, então ele tem que “encaixar” exatamente no lugar certo. Se quero comprar um pulôver, já na quarta sugestão do vendedor tenho de prestar atenção para que ele não perca a paciência comigo. Quando escrevo um texto, só vou largá-lo quando (em minha opinião) considero que ele esteja suficientemente bom. Você já pode ver que nosso tipo se mantém fiel a nós, mas nós podemos aprender a lidar com ele. Mas ele também tem seus aspectos positivos. E sobre isso ainda falaremos bastante.

Quem é impaciente não só se irrita rapidamente, também fica facilmente estressado e passa ao largo do lado bom da existência. Não fica no presente; está constantemente lançando-se a novos desafios. Isso é exaustivo, não só para si mesmo, mas também para os outros, sobretudo quando eles têm uma outra tipologia. Quando seu parceiro ou parceira, amigos ou colegas o conhecem bem e gostam dele, quando eles têm uma boa dose de maturidade e humor, não se deixam dominar por sua impaciência e suas consequências.

> Certa vez um colega contava de um passeio que fizera na neve junto com mais duas pessoas. De repente, um senhor, do tipo reformador, deslizou e afundou na neve, de modo que só se podia ver ainda sua cabeça. E, uma vez que as duas outras pessoas logo perceberam que a situação não apresentava qualquer perigo, não vieram imediatamente socorrê-lo. A consequência: o homem que escorregara começou a xingar sem parar como maluco. Com isso, ele próprio percebeu que a situação era inofensiva. Xingava de todos os modos, de modo que os outros começaram a rir. E quanto mais eles riam, tanto mais irado ele ficava.
>
> O final da história só soa estranho para quem não conhece esse tipo. Foi só depois de colocar os pés firmes no chão com o auxílio dos dois colegas que o sorriso que esboçara de início se transformou numa gargalhada sobre si mesmo. Pois também esse tipo de comportamento é característico do reformador, sua capacidade de, com bom humor, poder rir de si mesmo.

Essa história me dá a oportunidade de abordar o lado positivo desse tipo. Ele não só pode ser bem-humorado, ele também se orienta sempre na busca de objetivos e soluções. Ele é capaz de produzir uma grande quantidade de coisas, especialmente quando se confronta com problemas. O que o acelera e o mantém em seu ritmo acelerado – mesmo que pareça estranho – são as contrariedades. Essa capacidade de superar contrariedades fortalece sua esperança. Mas, ao lado da busca por sentido, a esperança é a mais forte razão de seu viver. Quem ganha com isso são todas aquelas pessoas que estão em seu entorno, e que tendem a jogar a toalha facilmente.

Um outro ponto forte é sua capacidade de exercer autocrítica. Quando ele não exagera essa capacidade, e não a encharca com seus sentimentos de culpa, então ele comporá o grupo daqueles companheiros que às vezes podem ser encontrados e que não participam do velho jogo de empurrar a culpa para o outro, mas quando cometem algum erro, batem no *próprio* peito. Um exemplo engraçado disso:

> Uma mãe (reformadora), preocupada em educar "corretamente" seu filho Lucas, de quatro anos, e, por isso, sentindo-se sempre inclinada a corrigi-lo, pergunta preocupada a sua amiga:
> "Será que não estou educando o Lucas de forma muito rigorosa? Ontem eu o perdi na loja de departamentos. E quando o chamamos pelo nome, ele respondeu: 'Lucas, larga isso'".

Mas a capacidade de autocrítica – e agora passamos mais uma vez para o polo oposto – possui também aspectos menos agradáveis. Visto que o reformador não é apenas autocrítico, supersensível, sua alma ferida muitas vezes projeta uma imagem nobre dele mesmo. Mas o que acontece então? Então ele se coloca acima dos outros, ele se engrandece, torna-se moralista e dono da verdade. Então ele é quem sabe tudo, ele parece ter visão e controle acima de todos os outros, ele é o único que realmente tem valor. Deixo à sua fantasia imaginar como os outros reagem a essa atitude.

Um exemplo sobre a tendência de colocar-se acima de todo mundo:

> O chefe da firma encarrega sua secretária de procurar um rapaz inteligente, orientado por metas e com grande capacidade empreendedora, o qual ela considere apto para ser seu sucessor.
> Mas, uma vez que ela conhece muito bem seu chefe, logo pergunta, um tanto preocupada, o que irá acontecer então com ele. A resposta é clara: "demissão".

Mas também pode acontecer o seguinte: quem não contesta o reformador quando está irritado, mas o aconselha sobre as consequências desastrosas, evitando tocar em sua supersensibilidade, provoca sua capacidade de autocrítica e percebe que ele, que há pouco defendia seu ponto de vista de forma inexorável, com um sorriso envergonhado demonstra concordar, mostrando-se compreensivo.

Não sejamos rigorosos demais com o reformador quando está possuído pelo afã da perfeição e de grandeza, pela impaciência, pelo desejo de ter razão e pelo melindre. Ninguém sofre mais do que ele com esse tipo de comportamento. Como ele gostaria de ser perfeito!

Mas não esqueçamos também seu lado bom: sua autocrítica, a fortaleza de sua esperança, sua busca de objetivos, seu bom humor, e sobretudo sua *possibilidade* de ser paciente. Essa possibilidade não é uma ilusão! Levar a efeito essa possibilidade é para ele o que há de mais importante, visto que todas as fraquezas que mencionamos a seu respeito se baseiam em última instância em sua falta de paciência.

O que pode nos ajudar a avançar?

Agora já sabemos que a cada tipo pertencem determinados traços que podem ser simpáticos ou menos simpáticos. Para que direção vamos nos voltar primeiro?

Alguns anos atrás, minha filha me mandou uma flor. Algumas semanas depois me dei conta de que ela – a flor naturalmente – crescera "torta". De imediato não conseguia compreender por que ela tomara precisamente esse desenvolvimento. Quando finalmente descobri a razão, abriu-se minha mente para uma ajuda vital de grande profundidade; não só para mim, mas para todas as pessoas que me procuram.

A solução do enigma? Você já sabe: eu não mudei a localização da flor. A parte virada para o *sol* cresceu bem mais e mais forte. Mas não são apenas as plantas que precisam de luz.

A "luz" de que necessita o reformador é a *paciência*. Vamos enaltecer um pouco essa virtude valorosa! Cada valor pode se transformar num ímã quando – ao dormir e ao levantar-nos, dirigindo ou no ônibus, na sala do chefe ou no restaurante, numa festa ou aos 40 minutos do segundo tempo de um jogo de futebol aparentemente já perdido etc. – sempre que possível:

- pensamos na paciência e a ela dirigimos todo nosso sentir;
- colocamo-la à nossa frente e a visualizamos;
- admitimos a ideia de que, para nós, aqui e agora e para o futuro, nada há de mais importante do que essa única coisa: a incorporação desse valor único.

Mas o que se aplica à paciência pode ser aplicado também aos outros valores e sua apropriação.

Na literatura moderna quase não se fala mais de paciência. Isso não depõe contra ela; muito pelo contrário, paciência é o contraponto ao estresse, e estresse é uma marca característica de nossa época. É claro que o estresse não é uma característica digna de honra. Estar estressado significa não poder degustar e fruir do presente. É passar a galope pelo presente.

Mas as coisas são bem diferentes com a pessoa paciente. Ela toma tempo para si. Portanto, ela tem tempo. Ela se demora nele. Nele permanece. O tempo pertence a ela. Por isso, ela pode esperar. Quem pode esperar não comete erros tão cedo. Ela se irrita muito menos e demora para se aborrecer. Deixa que as coisas que lhe venham ao encontro sigam "seu próprio curso interno" (Rilke) até amadurecerem.

Não, paciência não é monotonia. Paciência nada tem de passividade. Não é coisa de fracos e de gente sem iniciativa. Paciência é a capacidade dos livres. Ter paciência significa atravessar os dias, liberto do medo e da angústia, na consciência de que, sendo paciente, a pessoa já está na maestria da vida ou que a própria vida irá trilhar favoravelmente os caminhos a seguir.

Você afirma: na medida em que pertenço a esse tipo, falta-me a paciência para aprender "algo assim". E onde fica seu ímpeto reformador?

Três palavras de ouro[3]

Paciência é a primeira e a única coisa que vale a pena se aprender (Hermann Hesse).

Não há nada que o demônio mais tema do que a paciência de um ser humano (Hugo von Hofmannsthal).

Aceite as pessoas como elas são, outras pessoas diferentes não existem (Konrad Adenauer).

3 A série de "palavras de ouro" presentes aqui, tirei-as do interessante livro *Das Enneagramm der Weisheit* – Spirituelle Schätze aus drei Jahrtausenden (KÜSTENMACHER, M. (ed.). Munique, 1996).

O auxiliador precisa ser necessário. O que faz sentido para ele é estar sempre disponível para ajudar os outros.

O auxiliador

Logo pela manhã, dois escoteiros queriam fazer uma boa ação. Depois de algum tempo, retornam ao acampamento. Com as roupas todas rasgadas, e aparentemente o ânimo também em frangalhos.

"O que aconteceu?", perguntaram os outros.

"Queríamos ajudar o velho senhor lá na estrada, mas ele não queria".

Esse caso engraçado já mostra um pouco o principal aspecto desse tipo. Ele tem a *inclinação* de ajudar os outros, mesmo que não precisem de ajuda. Isso costuma trazer algumas dificuldades.

Conheço muitos homens auxiliadores que gostam de se achegar à cozinha, que de mansinho tomam das mãos da esposa a salada, os talheres ou os temperos na intenção, para eles louvável, de diminuir o trabalho da esposa. Mas suponhamos que ela não goste disso? Se hoje, por exemplo, ela se sente muito bem fazendo seu trabalho? Se ela, não só hoje, mas em geral de certo modo teme essa disposição do marido em ajudar? Mas eu também conheço mulheres auxiliadoras que perguntam a outras pessoas como estão se sentindo na esperança de poder ajudar, e que se sentem decepcionadas quando por acaso percebem não poder ajudá-las.

Muitas vezes – é preciso que uma vez se diga isso – o auxiliador impõe sua ajuda ao outro. Mas se ele não alcança seu objetivo, às vezes não se sente inibido em lançar mão de suas "habilidades" de manipulação ou de bajulação. Então diz por exemplo: "Acredite, você não me parece estar bem. Eu estava indo de qualquer modo para o mercado. De modo que posso certamente trazer o que você precisa".

Você poderá perguntar com razão: Não estamos constantemente reclamando que está diminuindo muito a disposição das pessoas em ajudar? Certamente. Mas, como dizia o filósofo Arno Plack: "Mais uma boa ação contra minha vontade – e eu estarei perdido". É bem diferente se alguém precisa realmente de ajuda – ou se essa ajuda lhe é oferecida. E é aqui que está o problema!

E atenção! Dialogar com o auxiliador tem muitos empecilhos. Não é tão fácil fazê-lo compreender o motivo de recusarmos sua ajuda bem-intencionada, em sua opinião. Quando isso acontece, para surpresa do outro, sob a afabilidade do auxiliador pode começar a aparecer certa rispidez.

O auxiliador precisa que necessitem dele. Por quê? Porque, quando ajuda muito e muitas vezes, ele tem a impressão de que sua vida tem importância; porque, quando ele se faz presente na vida de outras pessoas, vê que sua vida tem sentido.

Mas ele não tem essa sensação ao ajudar quando a situação o exige? Sim. Também ali ele tem essa sensação. Mas tem também a propensão de fazer para os outros *mais do que o necessário*. Essa compreensão de si mesmo e da vida faz parte de sua própria tipologia. Para ele, compreender a si mesmo e a sua vida desse modo é algo natural e imediato. É só quando descobre que, via de regra, não age livremente, mas constrangido pela necessidade condicionada por sua tipologia, que começa a procurar seu sentimento de autoestima e de sentido de modo diverso: a saber, em si mesmo e nas tarefas que sua alma lhe sugere. Quando compreende esse nexo, já vislumbra de longe a bandeira da liberdade.

Você já pode imaginar que o auxiliador só permite receber de presente uma única coisa. Dá para adivinhar: reconhecimento e gratidão, e se possível não modestamente. E a pessoa que foi ajudada sente-se obrigada a essa gratidão, sobretudo quando o auxiliador deixa atrás de si ricas "pegadas com perfume de caridade", como formulou ironicamente um grande conhecedor do eneagrama. Mas quem busca gratidão não deve se surpreender se não se sair como gostaria.

Droga! Agora estou com a consciência pesada. Mas isso acontece a muitos, quando não analisam com precisão a motivação do auxiliador, que nem sempre é clara. Pois o que seria do mundo sem ele? Não foi sempre assim, que a caridade é a primeira das virtudes? Ora, antes que os sentimentos de culpa tomem conta de mim, o reformador, passo logo para o outro lado do sol de nosso tipo, e faço-o com gosto.

Seria muito ruim se quiséssemos chamar de egoístas *todos* os seus esforços. Muito do que ele faz é sincero, consciente da sua responsabilidade e realmente fecundo. E merece agradecimento por isso. E visto que seu entusiasmo irradia calor e simpatia, muitas pessoas que têm contato com ele sentem-se valorizadas. Essa valorização pode ser bem concreta: o auxiliador busca e desencadeia dons, talentos, o bem nas pessoas. Se nesses tempos críticos houvesse mais dessas "parteiras" do espírito e da alma, nosso mundo não seria tão frio. Se houvesse mais pessoas que, querendo ser "realistas", descobrissem nos outros não apenas os defeitos, mas também os valores amorosos, não haveria no mundo tanto medo e angústia.

Sempre leio que o auxiliador é por demais orgulhoso para permitir ser ajudado. Mas duvido dessa afirmação, até o momento incontestada. Creio que seja tão difícil para ele abandonar sua "síndrome de ajudador" porque lhe parece ser a única possibilidade de afrontar a si mesmo. Isso desperta compaixão em mim. Mas muitos auxiliadores amadurecidos demonstram que é possível libertar-se dessa síndrome. É para nós uma alegria encontrar-nos com essas pessoas e experimentar sua disposição em ajudar, agora atuando de forma discreta.

O que pode nos ajudar a avançar?

O valor que é decisivo para a formação da personalidade do auxiliador se chama: *amor a si e aos outros*.

Você poderia dizer que esse é um programa muito amplo e, além disso, perguntar se a realização desse valor será mesmo boa para todos. Você tem razão. Portanto, diminuamos o programa. Se o auxiliador confiar nisso, mesmo em "formato" menor, poderá alcançar muitas coisas.

Eu pergunto a você, caro auxiliador: Você quer me ajudar a compreendê-lo melhor?

Quais são os desejos que você tem cravados no fundo de si mesmo e quais são os que estão na superfície? Comecemos pelos últimos:

Que tal uma nova ida ao teatro, um concerto ou uma viagem? Já faz muito tempo que você não compra uma roupa nova para si mesmo, que não se permite ir a um café? Gostaria de ir passear novamente? Nada mais?

Você afirma que essa sugestão e outras semelhantes não lhe dizem nada, seriam muito banais? Não concordam com seu estilo de vida? Você não tem tempo para isso? Vamos interrogar o coração! Olhando mais de perto, não encontra nenhum desejo desse gênero? O que está escondido por baixo da superfície, de imediato está oculto.

E os desejos que você guarda bem lá no fundo? Procurá-los requer um pouco mais de esforço. Desejos profundos? Com isso, tenho em mente um âmbito ao qual você pode simplesmente chamar de "alma". O que *ela* gostaria de modificar? Quais os desejos que ela coloca para você? Será que ela não precisa de sua atenção e ajuda? Será que se não perguntarmos à alma quais seus desejos, com o tempo ela não acaba perdendo a capacidade de amar?

Você diz que não quer ser egoísta. Com isso concordo plenamente, pois ser egoísta significa trilhar o caminho para a infelicidade.

E quem não é egoísta, portanto? Alguém que vive as duas coisas: o amor aos outros *e* o amor a si mesmo. Por que as coisas são assim? Porque, enquanto seres humanos, somos essas duas coisas: indivíduos e seres comunitários e assim somos desafiados a existir e acolher as duas coisas: para os outros e para nós mesmos.

Três palavras de ouro[4]

Quando menos se precisar dos seres humanos, tanto mais eles desejam por alguém (Friedl Beutelrock).

Não se ama o outro se não se permite que ele nos presenteie com alguma coisa (Provérbio nigeriano).

Não pense em mim o tempo todo, uma vez na vida também quero estar sozinho (Autor desconhecido).

4 A série "palavras de ouro" encontra-se no interessante livro *Das Enneagramm der Weisheit* – Spirituelle Schätze aus drei Jahrtausenden (KÜSTENMACHER, M. (ed.). Munique, 1996).

A pessoa de sucesso

quer ser admirada. E para isso ela produz muito.

A pessoa de sucesso

Se você se encontra com uma pessoa que irradia dinamismo, graça, atração, que lhe dá inteira atenção e lhe passa a impressão de que por ora não há nenhuma pessoa mais importante do que você no mundo, então, talvez, você esteja às voltas com uma pessoa de sucesso.

Quando você aprende a conhecer melhor essa pessoa e percebe que ela também é ambiciosa, ativa e produtiva, então é *provável* que esteja lidando com esse tipo.

A pessoa de sucesso, assim como o reformador, está orientada para metas e soluções. Enquanto que, com o reformador, o que está em questão é fazer as coisas "corretamente", a pessoa de sucesso está preocupada sobretudo em elevar seu "valor de mercado". Pois sua imagem é muito importante para ela, sim, muito importante. Ela quer ser admirada. Quando ela é admirada, seu entorno tem o céu na terra – e também ela, pelo menos por ora. Ela não só está orientada para metas e soluções, mas também é competente em aplicá-las. Ela é pragmática. É por isso que muitos autores chamam-na de "o cara que faz".

Dá prazer empreender alguma coisa com essa pessoa. Sua juventude, sua empolgação e seu otimismo são contagiantes, sua capacidade de motivar os outros é confortadora. Além disso, ela é uma visionária, que tem ideias nada usuais. Quando essas não são muito irrealistas, ela as implementa. Em seu entorno ninguém fica entediado. Em sua presença, portanto, seja precavido, quando você próprio tem alguma ideia incomum. Como muitos outros, ela não irá balançar a cabeça despreocupadamente e ser "realista". Cheia de entusiasmo, saltará da poltrona, batendo as mãos e dizendo: *Well, let's do it!* (Muito bem, vamos fazer isso!). Não é uma atitude amável?

Mas ela nem sempre se preocupa em examinar o modo pelo qual se chega ao sucesso e ao reconhecimento. Pode ser que se identifique com pessoas e tarefas que pessoalmente não lhe dizem respeito, mas que prometem lhe trazer vantagens. Pode acontecer, por exemplo, de ela saltar de paraquedas numa firma de publicidade, ou de ela imaginar não haver prazer maior para ela do que, empolgada, vender seguros, imaginando que esses seriam os melhores de todos. Ela empresta brilho a coisas que para ela também não são tão brilhantes. Ergue-se e concebe ideias que mais tarde percebe serem bem diferentes. Duas histórias engraçadas como exemplo:

> O corretor está mostrando ao interessado uma casa nova. Ele manda uma colaboradora para uma sala ao lado e grita: "Consegue me ouvir?"
> "Sim".
> "Consegue me ver?"
> "Não".
> Irradiante de alegria, o corretor se volta para o cliente e afirma: "Isso são paredes, o resto é resto!"

> Cheio de orgulho, o novo proprietário do condomínio mostra seu jardim a um amigo. Esse amigo hesita por um instante, depois diz: "muito grande também ele não é".
> Então o proprietário orgulhoso responde: "Não, mas é extremamente alto".

A gente se admira sempre com sua relação generosa com a verdade. Também é comum – sobretudo quando se encontra num beco sem saída – que ela negue o evidente com muito charme. Quantas pessoas de sucesso não querem admitir, por exemplo, que pessoas que as deixaram não as amem mais. Não querem ser perdedores, de jeito nenhum.

Uma variante em relação ao seu modo de lidar com a verdade é sua propensão de conceber os problemas de modo que percam sua gravidade. Não tenho certeza se deveria lhe propor o seguinte exemplo engraçado para ilustrar isso. Eu olho para o reformador e o auxiliador e vejo como os dois me desaconselham com um semblante sério. Então, por trás dos mesmos, a pessoa de sucesso olha para eles e me pisca dizendo com coragem:

> Com todo o cuidado do mundo a filha revela ao velho lorde que sua linda sobrinha trabalha na América como garota de programa.
> Então o velho homem fica pasmo e duvidando afirma: "É inconcebível! Um membro de nossa família trabalhando?!"

O próximo exemplo é mais comovente:

> A professora, irritada, diz: "Boris, é a terceira vez que você está espiando para o caderno de seu colega Steffi".
> Boris responde aparentemente com tom de censura: "É claro, quem consegue decifrar a letra do Steffi".

Quando lido com uma pessoa de sucesso, na prática não é fácil conversar com ela sobre as causas de seus problemas: sobre sua busca de prestígio e suas manobras enganadoras, sobre sua propensão de supervalorizar a si mesmo, sobre seu oportunismo, sobre sua pronta disposição de tornar-se agressivo quando algo não corre como ele gostaria para si ou para os outros. Então tenho de ficar atento para que ela não maquie suas dificuldades e "de algum modo" as transforme em semivitórias. Mas chega o dia em que ela percebe sua própria armadilha: e quando lhe falo que ela é uma pessoa de sucesso, então ela se dispõe a fazer o melhor para corresponder à sua terapia. Então ela levanta voo, e colabora com todas as suas forças. Ela quer "jogar" para ganhar. (Talvez também porque quer se apresentar diante de mim como "ganhadora"). O que seria de nós sem essa irradiação positiva, sem sua dinâmica e força empreendedora, sem suas visões e artes motivadoras?

O que falta, às vezes, em seu caminho rumo à maturidade é, sobretudo, a relação *consigo mesma*, com seu elemento originário. Com seu elemento originário? Com isso faço referência ao ser próprio e original de todo ser humano, o núcleo, o que há nela de inconfundível e de insubstituível, a individualidade, e assim seus sentimentos *pessoais, íntimos*. Enquanto a pessoa de sucesso não possui uma relação intensa consigo mesma, não consegue compreender a razão por que adota modos de comportamento que não condizem consigo *mesma*.

O que pode nos ajudar a avançar?

O valor que a pessoa de sucesso cultiva mais do que qualquer outra coisa é a *veracidade*.

A pessoa veraz existe em função do que é. Não se engana com nada. Ela pode confiar em si mesma, e os outros podem confiar nela. Quem não engana a si e aos outros não está dividido em si. Ela é idêntica consigo mesma, está próxima de si mesma. Ela sente a si mesma e aquilo que lhe diz respeito. Ela não ludibria nem a si nem os outros. E não só isso:

Porque não se ocupa com enganos, em persuadir os outros (!) com pseudoverdades, a pessoa veraz economiza muita energia, pois não há nada que consuma tanta energia quanto esquivar-se e sufocar verdades.

A pessoa veraz tem ainda uma outra vantagem, que infelizmente é muito pouco valorizada: ela consegue rir de si mesmo. Por quê? Porque ela não consegue esquecer suas fraquezas.

E há mais uma coisa: com o passar do tempo ela ganha a atenção dos outros e assim se torna uma "figura" de destaque.

Três palavras de ouro

Aquele que sempre varre a sujeira para debaixo do tapete logo terá dificuldades de permanecer sobre o tapete (Georg Christoph Lichtenberg).

Talvez a sinceridade seja a forma mais audaz de bravura (William Somersete Maugham).

A sinceridade perfeita é o caminho para a originalidade (Charles Baudelaire).

O romântico ama o que é especial. Por isso, se põe à caça do tesouro distante.

O romântico

"Podem me vestir com luxo. Posso renunciar a tudo que é necessário." Essa frase do romântico Oscar Wilde nos introduz de maneira impressionante ao nosso novo tema.

Veja bem: o romântico é sofisticado – tanto em relação às coisas exteriores quanto às interiores. Por isso, caro leitor, ao ler esse tópico, caso você esteja escutando música popular ou outra música profana, troque o CD. Pois o romântico é avesso a tudo que é cotidiano, mediano, trivial e profano.

Tipo? Ele não gosta nem de ouvir esse termo. Para ele, uma pessoa sutil e sensível, criativa e artística, deve-se atribuir grande valor à sua individualidade. Ela não gosta de ser, de pensar, de sentir e de agir como as demais pessoas. Num seminário para discutir o tema do eneagrama, quando surpreendentemente muitos participantes se "revelaram" ser românticos, um deles decidiu que não faria parte desse grupo.

O romântico procura harmonia e totalidade. Mas o mundo, como se apresenta a ele, não é como ele gostaria que fosse. Por isso ele *parece* ser semelhante ao reformador. Mas enquanto esse empenha todo esforço necessário para modificar o que precisa ser modificado, o romântico se recolhe para dentro de seu mundo interior. Ele é mais importante do que o exterior. Compreendê-lo é seu interesse específico, e ele o compreende de modo bem diferenciado. Por isso é um prazer conversar com ele.

Ele não se enfastia com nenhum tema humano: quanto mais obscuros, abissais ou estranhos os conteúdos, tanto mais interessado e aberto ele se mostra. O trato com ele se torna difícil quando ele começa a sofrer oprimido pela "normalidade" (na sua opinião, superficialidade) de seus semelhantes. Então pode acontecer de ele se recolher arrogante, por exemplo, dizendo o seguinte: "Gosto de estar com pessoas interessantes, por isso gosto de ficar sozinho". Mas a arrogância é o escudo protetor do inseguro.

Quem assim fala, seguramente corre o risco de ofender, de amedrontar ou de enfurecer as demais pessoas. Sempre que isso acontece, o romântico vivencia precisamente aquilo que no *fundo* ele não gostaria: que, por causa de sua extravagância, as outras pessoas o isolem das conversas e das ações.

Uma possibilidade de conseguir lidar com o universo profano, para ele, consiste em refiná-lo, elevá-lo e configurá-lo através *de rituais e de simbolizações*. Como possível exemplo, penso numa mulher que, de manhã cedo, ao acordar, através da posição de suas duas escovas de dentes, sinaliza ao marido como ela avalia a atual qualidade de seu relacionamento. Há muitos exemplos nos quais as pessoas românticas dão a entender aos outros através de ações simbólicas o que eles pensam, veem e sentem. Isso porque as palavras são para eles muito simples e não expressam de maneira artística suficiente o que eles, os artistas da comunicação, querem dizer na realidade.

Um exemplo:

> De um modo não muito delicado, uma mulher interroga sua prima preferida sobre seu namorado: "O que há com ele? Ele ainda não te pediu em casamento?"
> "Não", sussurra a interrogada, olhando para o horizonte.
> "Então, você deveria de vez em quando lembrá-lo disso".
> "É o que faço diariamente. Sempre que acendo um cigarro, assopro alianças para ele".

O romântico pode ter a língua bem afiada quando quer expressar seu descontentamento. Então é capaz de encontrar palavras que colocam o outro em posição de xeque-mate. Um exemplo:

> "O que *achou* do nosso bife", perguntou o garçom ao hóspede, meio desconfiado.
>
> Esse, com um toque irônico e um sorriso difícil de ser qualificado, disse: "Apenas empurrei as batatas para os lados e, veja, achei".

Via de regra, você verá o romântico muito aplicado, seguindo seu ser de fina sensibilidade. Mas há épocas em que ele só quer chamar a atenção. Nesses casos ele se permite uma indumentária mais ousada. Então ele veste roupas extravagantes, e se os fuxiqueiros de plantão passam por ele balançando a cabeça, é motivo de contentamento. Não se preocupa nem com o que dita a moda nem com qualquer outra ordem. Ele é norma para si mesmo e faz o que lhe agrada. Um exemplo ingênuo:

> Mergulhado em si mesmo, o último hóspede vai deixando o local. O garçom o segue e lembra que ele não pagou a conta. Pensativo, o sujeito olha para o garçom e diz com um profundo suspiro: "Eu bebi para esquecer".

Como eu já disse, esse mundo não oferece uma pátria ao romântico – pelo menos não imediatamente. Sempre que ele se sente dominado por esse sentimento, a inveja toma conta dele, inveja daqueles que não têm tanto talento como ele e apesar disso têm mais reconhecimento e atenção. Visivelmente, Thomas Mann descreveu esse nexo em *Tonio Kröger*:

Ali está o romântico Tonio sozinho (solitário) na galeria do salão de danças olhando para baixo para os que estão dançando, que desfrutam o momento, de maneira especial para Hans Hansen, que, pingando suor, baila a noite toda. Mas, ao mesmo tempo, Tonio sente uma melancolia de não fazer parte disso.

Mas o que deseja *no fundo* o romântico?

Ele sonha com a "flor azul", com o tesouro distante, com a felicidade distante, com o objetivo distante.

Você está ficando impaciente, caro leitor? O que você está vendo do romântico lhe parece ser estranho ao mundo, "distante" da realidade? Mas atenção! Por favor não se esqueça de que o modo de comportamento, que em parte parece ser estranho, é um condicionamento imposto pela sua *tipologia*.

O que seria de nós *sem* esse tipo? Suas simbologias e rituais nos lembram de que a vida não tem suas raízes no superficial. Sua sensibilidade estética nos leva ao tesouro oculto da fantasia para desenvolvermos a cultura (de que precisamos urgentemente justo numa época de crescente profanação da vida). Seu desejo de harmonia e totalidade nos mantém despertos para a lembrança de que a vida não deverá permanecer como é agora. Por fim, seu desejo de encontrar a "flor azul" é um incentivo para que os outros também tomem e trilhem seu próprio caminho.

Quando o romântico vislumbra o aspecto problemático de seu tipo e se confronta com ele, ele sofre mais uma vez por causa de sua sensibilidade para com seu entorno; todavia, ele poderá enfrentar seu sofrimento com equanimidade. Mais que isso: ele não só se adaptará à realidade, mas experimentará o fascínio nela escondido e descobrirá as "pérolas no pó". Poderá ir ao encontro de pessoas e alegrá-las com a fineza de espírito de suas palavras e de seus gestos. Não poucos verão nele uma pessoa muito especial, por causa da *mudança* de seu comportamento. Isso se aplica sobretudo quando ele consegue vivenciar aquele valor que é para ele mais importante do que qualquer outro: a *autenticidade*.

O que pode nos ajudar a avançar?

Autenticidade não é algo artificial; é algo natural e espiritual, castiço e originário.

Uma pessoa autêntica é uma pessoa verdadeira. Ela rejeita o que não lhe pertence e o que a aliena de si mesma: o que é artificial e excêntrico, o que é trágico e que cultiva a autopiedade, a avareza e a atitude de particularismo.

A pessoa autêntica é original, e por isso espiritualmente autônoma. Não precisa mais preocupar-se com sua particularidade, com o que lhe é mais próprio. Ela tem todos os requisitos para o cultivo da clareza, da simplicidade e da afirmação da vida. Ela encontra a pátria em si mesma. Ela encontra o amor a si mesma e à vida. Ela repousa em si mesma.

Três palavras de ouro

Se todos quiséssemos estar em destaque e levantar por primeiro a batuta, jamais conseguiríamos harmonizar uma orquestra (Robert Schumann).

A profundidade está no que é claro e límpido (Hermann Hesse).

O mais grandioso nele é que ele é tão simples (Max Brod).

O observador precisa de distância, de si, dos outros e da vida.

O observador

> Um casal de velhinhos visita uma pequena aldeia onde se conheceram e se enamoraram.
>
> Quando os dois estavam mais uma vez seguindo "seu" caminho, pararam perto de uma cerca. Então o velho senhor toma a esposa nos braços e a beija. Depois de algum tempo, emocionado, ele diz: "É um pouco estranho... você está tremendo mais do que da primeira vez". Sua emoção se desfez num instante quando ouviu sua esposa respondendo: "Há 40 anos a cerca ainda não estava eletrificada".

Eis aí o tipo observador! O velho senhor, que seguramente não pertencia a essa tipologia, tem sensibilidade e é direto. Ela, ao contrário, não se deixa impressionar pela situação carregada de emoção, mas analisa o nexo entre cerca e tremor e chega ao resultado sóbrio já relatado.

Esse tipo é analítico. Um pesquisador. Ele sopesa com astúcia e agudeza o que é humano, técnico, passado, futuro e também o que oferece o presente. É uma pessoa que pensa com lucidez. E quem muito pergunta, muito sabe. E visto que muitas coisas lhe interessam, descobre muita coisa. E, sendo curioso, está aberto para tudo que é novo. Essa pessoa é assim porque toma distância: frente às pessoas, frente às coisas, frente à vida.

E aí estamos nós, reformadores, auxiliadores, homens de sucesso, românticos, e ficamos tomados de admiração por ele, o observador:

Formando um punho com a mão escondida no bolso das calças, o reformador afirma "deveríamos (uma palavra frequentemente empregada por ele) ter sua paciência".

O auxiliador olha para ele com simpatia e pensa com seus botões: "Um pouco de sua capacidade de preservar-se, nalgum momento, também não me faria nada mal".

A pessoa de sucesso resiste a bater nos ombros do observador. Em vez disso, pergunta – como se isso fosse menos desagradável ao observador: "Como você consegue não se deixar levar logo por toda e qualquer pessoa?"

Só o romântico está dividido em sua postura: De um lado, olha para o observador com olhar turvo, desejando também como ele poder controlar suas emoções. De outro, está a ponto de proferir uma palavra que ele não ousa pronunciar porque teme ser mais uma de suas observações irônicas.

Essa observação atingiu em cheio, certa vez, homens da Gestapo. Em 1938, quando Sigmund Freud, com seu perfil de observador, deixava Viena, a Gestapo o obrigou a escrever a frase segundo a qual ele teria sido tratado com o devido respeito e deferência pelas autoridades alemãs da Gestapo, de acordo com sua profissão científica. Então Freud pediu licença para acrescentar: "Posso recomendar a Gestapo como a melhor"[5].

Não deveríamos, em princípio, esperar muitos elogios do observador. Pois, primeiro, é desagradável para ele; segundo, ele é um observador! É dizer: ele não se aproxima dos outros e os outros não se aproximam dele. Falta uma ponte entre ele e os outros – pelo menos enquanto ele estiver identificado com seu tipo. E isso deixa os outros incomodados. Isso torna os outros inseguros. E, caso ele resolva ficar completamente mudo, então você verá, formalmente, como se montanhas de gelo se formassem ao seu redor.

---

5 HIRSCH, E.C. *Der Witzableiter oder Schule des Gelächters*. 2. ed. Hamburgo, 1985, p. 263.

Sua tendência de controlar firmemente suas emoções e de se distanciar de seus semelhantes, e igualmente sua propensão de ofuscá-los com suspeitas, certamente não aquece muito seu coração. Ele *próprio* quer ver, mas não quer ser visto. Ele se recolhe. Ele não *se* comunica. Não se mostra em sua totalidade. Não se entrega totalmente. Mas quem não se entrega à vida – à liberdade, ao amor, à responsabilidade, à coragem etc. –, a esse a vida expõe suas fraquezas, por mais que seja ele inteligente, informado e analítico. Um fato engraçado e simples, no plano externo, ilustra o que está em questão ali:

> Na estação de trem, um escocês encontra seu amigo e pergunta admirado: “De onde você está vindo, afinal?”
> O outro, bem-humorado, responde: “De minha viagem de lua de mel!”
> O amigo, assustado, pergunta: “E onde está tua esposa?”
> “Em casa – respondeu o noivo tranquilamente – ela já conhecia Veneza”.

Mas coloquemos um ponto-final na discussão negativa. Já está em tempo de voltarmos a elogiar o observador (o que ele mesmo, em sua maturidade, dificilmente consegue suportar):

Quando ele reconheceu seus pontos fracos e tirou suas lições dali, é um benefício para qualquer um conversar com ele. Então experimentamos admirados sua objetividade, sua compreensão e sua sabedoria. Gozamos de seu bom humor sereno. Ficamos admirados de sua energia compassiva e da confiança que podemos nele depositar. E isso se aplica a coisas sobre as quais a imprensa não deveria saber.

Quando ele concebeu que o saber é importante, mas que a sabedoria é muito mais importante, quando além disso ele compreendeu com o coração que a sabedoria sem amor se compara a um sol claro, mas sem calor e irradiação, então estamos diante de uma pessoa que merece nossa profunda consideração.

O que pode nos ajudar a avançar?

O valor mais importante para o observador é o *engajamento*. Engajamento – não apenas com o pensamento, sistemático, teórico, abstrato, mas com mãos e pés, com boca e coração, nas relações e no centro da vida.

Mas não é precisamente o retraimento a maior das barreiras do observador no caminho de uma vida completa? Sim, seguramente. No entanto, *cada* tipo tem seu desafio específico. Por que justo o observador deveria ser uma exceção? Quem se engaja, confessa pertencer a alguma coisa ou a alguém e empenha-se por isso. Ele não se preocupa em primeiro plano se vai se ferir, mas se vai alcançar aquilo por que se engaja. Ele não se poupa. E isso tem uma grande vantagem! Pois quem na vida se ocupa apenas de forma teórica e não prática, apenas abstrata e não concreta, fica relegado à periferia da vida, não conquista uma relação real com ela. E as consequências são que sua alma permanecerá vazia.

Quem ao contrário cultiva relações com a vida de forma prática e concreta e não se exime inclusive do que é desagradável – sua alma *não* vai ficar vazia. Pois tem sensação e sentimento, se alegra e se irrita, sente-se arrasado e reergue-se. Ele está vivo. E a vitalidade traz sentido à vida.

Três palavras de ouro

O que nossa compreensão pensa e diz é um cocô de mosca frente àquilo que corre e flui sob os umbrais da realidade, no que diz respeito à vida, relações e referências (Hermann Hesse).

O coração tem razões que a própria razão desconhece (Blaise Pascal).

O que importa não é pensar muito, mas muito amar (Teresa d'Ávila).

O leal busca a comunhão com os outros. Comunhão é a base fundamental de sua vida.

O leal

O que seria de nós sem esse tipo! Ele é a pessoa comunitária em absoluto.

Ele está consciente de sua responsabilidade e engajado, comprometido e solidário. Seu calor humano é benevolente, sua disposição em ajudar é notável. Especialmente simpático nele é que – contrariamente ao auxiliador imaturo – não espera nenhum agradecimento especial. Ele também não se vê constantemente ocupado e quer ajudar a toda hora. É só quando se precisa dele que ele se faz presente.

É fácil de perceber isso quando ele não está representado num grupo. Mas se está presente e vê que um participante do grupo não recebe a atenção que merece, ele logo trata de envolvê-lo no que está acontecendo. Se outro é objeto de críticas, se lhe for possível o leal logo se coloca ao seu lado, mesmo quando pode compreender a razão da crítica. Seu interesse especial é que as pessoas sejam consideradas com valores igualitários e sejam tratadas da mesma forma.

Às vezes, porém, seu sentimento de responsabilidade toma formas estranhas: Quando, por exemplo, o coordenador de um seminário acabou de proferir uma interessante palestra sobre empatia, pode acontecer que, nas discussões finais, o leal agradeça, sobretudo quando a maioria se manteve calada até então (o que não agrada ao coordenador, se ele for um reformador, pessoa de sucesso ou um romântico).

Ou, então, basta pensar em Berti Voigts, o treinador da Seleção de futebol alemã de outrora. Quando um jogador, por exemplo, estava em grande forma e desempenho, o técnico não conseguia elogiar essa estrela. Ao contrário, ele insistia que a estrela era a *seleção*, e com isso acabou recebendo muitas críticas.

Importa não levar muito a sério a si mesmo, nem a si mesmo nem aos outros! Por um lado, essa modéstia é contagiosa, mas por outro ela esconde o perigo de que aquele que não se leva muito a sério não vivencia e não tira o melhor de si, correndo o risco de viver encolhido em seu canto.

Um outro perigo consiste em se fazer de vítima. Isso pode ter consequências fatais. Muitas mulheres que pertencem a essa tipologia suportam por anos a falta de amor, a traição ou a tirania de seus maridos. Em vez de levantar-se, indignar-se e tirar a limpo as consequências dessa situação, elas se recolhem no papel de vítimas – mesmo sem ter consciência disso.

Um exemplo inocente que não consigo esquecer: Uma mãe prepara quatro tigelas de pudim para as quatro pessoas da família. Cada um dos pedaços de pudim foi comido com muito gosto. Vocês imaginam que o pudim foi comido por todas as quatro pessoas? De jeito nenhum. A mãe deu sua parte ao marido e aos dois filhos, embora ela mesma também pudesse ter saboreado o pudim da mesma forma que os homens.

Se ao menos o leal pudesse compreender que ele é tão importante quanto todas as outras pessoas! Ele não pensa realmente nisso? Sim, mas apenas em princípio. Mas ele não sente isso? Não! Em todo caso, não enquanto não toma consciência de si mesmo: este é seu principal problema!

Ele se conhece muito pouco. Tem pouca relação com sua individualidade e originalidade. Está distante de si *mesmo*. Por isso está sempre propenso à timidez e à insegurança, à desconfiança e ao ceticismo, não apenas frente a si mesmo, mas também frente aos outros. Um exemplo:

> Num restaurante, dois advogados discutem. E uma vez que não conseguem chegar a um consenso, perguntam ao garçom se na casa haveria por acaso um código penal. (Perceba que o problema surgido só diz respeito aos dois, mas veja o que acontece.)
> Logo aparece o dono do restaurante muito preocupado, com uma garrafa de champanhe nobre e diz: "Meus senhores, naturalmente vocês aceitam, em lugar do código penal, um espumante de Zurique!"

De que tem medo o leal? De ser ele mesmo! Por quê? Eu já o disse: Porque se conhece muito pouco. E por que ele conhece muito pouco a si mesmo? Porque não se interroga suficientemente. Por que se interessa tão pouco por si mesmo? Porque está mais interessado nos outros. É por isso que, às vezes, parece que ele precisa mais *deles* do que de si mesmo. É essa a razão, também, pela qual ele sofre um dos piores flagelos da humanidade: depender da opinião e do julgamento dos outros.

Você poderá compreender também que ele não é nenhum herói das decisões céleres. Ele se pergunta: Será que o que *eu* estou pensando é certo? Será que os outros vão concordar que aquilo que decido fazer será bom? Com que frequência, um leal que não conhece a si mesmo, se coloca essas questões?! A consequência disso é que ele não trilha seu próprio caminho, mas segue os caminhos dos outros por paragens que não são as suas.

Fica fácil de compreender, também, a razão por que ele logo se sente atingido quando outras pessoas chamam a atenção para suas "falhas": porque ele não está seguro de si mesmo. E visto que as coisas são assim, tende a ceder para se assegurar e sair do fogo cruzado. Toda vez que uma pessoa se comporta desse modo, ele espera em vão ficar livre da chamada de atenção. É por isso que me parece ser muito sábio o "conselho" dado por uma mãe amorosa:

> Na véspera do casamento, a mãe chamou cuidadosamente a filha de lado, colocou sua mão sobre a dela, e disse mansamente: “E repara, minha criança: não brigue com seu marido – chore!”

Quem tem propensão para o acanhamento costuma ter muito estresse. Enquanto “os outros” permanecem dedicados ao leal, esse consegue suportar bem esse estresse. Mas, coitado dele se for decepcionado por eles! Se ele já não sente mais segurança neles! Se eles o deixam em “maus lençóis”! Então ele começa a reclamar, a se queixar, a rebelar-se. Por fim, ele se exalta e se precipita. Isso se aplica especialmente a quem ocupa algum cargo ou posição de autoridade, por exemplo, “chefes de família”, irmãs e irmãos mais velhos, chefes, técnicos, professores etc. Nesses casos não sobra nada de lealdade.

Mas detenhamo-nos um pouco! Também essa parte não está tomando um cunho negativo demais? De modo algum. Nós também amamos outros “tipos”, como o leal, e não gostaríamos de privar-nos deles. Mas só porque precisamos dele? Não. Porque – e era disso que se falava! – ele é muito amável. E visto que ele é precisamente isso, nós deveríamos encorajá-lo a não esquecer de si mesmo.

O que pode nos ajudar a avançar?

O valor mais importante do leal é a *coragem*. Mas coragem para quê? Coragem para consigo *mesmo*. E como encontrá-la? Vou mencionar brevemente os pontos mais importantes para acentuar sua importância. O leal encontra coragem através dos seguintes fatos:

- com muita frequência, ele deve dizer mais “eu” do que “a gente”;
- perguntar-se por seus desejos e pretensões ocultas, por seus talentos, dons e oportunidades, muito mais do que fez até o presente;

• interessar-se, mais do que até o presente, por sua originalidade e pelas tarefas que lhe dizem respeito *pessoalmente*;

• aprender a conhecer seu universo interior.

Se o leal aceitasse essas provocações e delas tirasse as consequências, iria se surpreender ao perceber que é muito mais rico do que imaginava.

Três palavras de ouro

Um navio ancorado no porto está seguro. Mas não é para isso que se constroem navios (Provérbio inglês).

Ordena-se apenas a quem não consegue ouvir a si mesmo (Friedrich Nietzsche).

Quem quiser ser fiel a si mesmo não poderá ser sempre fiel aos outros (Christian Morgenstern).

O caçador de felicidade

é alegre e sereno. Para ele, não há nada mais importante do que a busca de prazer, alegria e felicidade.

O caçador de felicidade

O caçador de felicidade é o tipo que mais ri e mais faz os outros rirem. Ele também está sempre em busca de bons contos engraçados. Quer uma demonstração? As duas pessoas do exemplo pertencem a esse tipo:

> O filho está na porta de saída, de mala e cuia, e vocifera com seu pai: "Eu procuro aventura, emoção e belas mulheres – e não tente se colocar em meu caminho!"
> Soluçando o pai abre os braços e vai de encontro ao filho: "Quem está tentando te impedir, meu filho? Leva-me contigo!"

Confesso que essa anedota não tem um caráter muito familiar, mas mesmo assim ela nos mostra um aspecto central do caçador de felicidade: a vida deve ser emocionante e prazerosa e é preciso haver mudanças. Mas, na mesma linha, ele é uma pessoa otimista, positiva frente à vida, uma pessoa aberta a tudo e a todos, sempre irradiando alegria. A vida para ele não passa de uma busca ao tesouro da felicidade. Essa "filosofia" está profundamente enraizada nele: quem abrir os olhos irá encontrar o que precisa para dar brilho aos seus dias. (Quase) todo instante é uma oportunidade favorável. O caçador de felicidade é um caçador de pérolas.

Você também não gostaria de dar logo um abraço à senhora da história a seguir?

> Uma velha senhora, que passava férias na Irlanda, desembarcou no aeroporto de Hamburgo, onde uma amiga a es-

> perava. Preocupada, essa lhe pergunta ao cumprimentá-la: "Tudo bem contigo? Ouvi dizer que vocês tiveram lá ainda mais chuvas do que nós aqui".
>
> E a "irlandesa" então respondeu, esboçando um sorriso: "Ora, a mudança de chuvas me fez muito bem!"

Vivacidade e espontaneidade são características do caçador de felicidade. Permita-me apresentar um exemplo do meu tempo de estudante em Marburgo, do começo da década de 1960. Assim, você me dará oportunidade de fazer uma pequena homenagem a um policial (seguramente um caçador de felicidade).

> Ele controlava o trânsito abaixo da igreja universitária numa praça onde não havia semáforos. Às vezes eu ficava ali parado, observando como ele trabalhava. Enquanto ele gesticulava amplamente com seus braços, seu rosto permanecia sempre alegre. Às vezes lançava um sorriso para dentro dos carros que passavam. Quando percebia, por exemplo, um motorista um pouco mais idoso, inseguro ao volante, mudava radicalmente seu modo convencional de comportar-se. Ele parava o trânsito até que o senhor, com um sorriso agradecido, já mais tranquilo pudesse passar adiante. Também acontecia de ele mandar parar alguns carros, apenas para apertar de maneira charmosa a mão de uma dama, tanto fazia se fosse jovem ou mais velha.
>
> Mas será que ninguém se incomodava com esse guarda da ordem (e da felicidade) e com seu comportamento pouco usual? Não pude constatar nenhum caso, talvez por que eu só ficava observando a ele e me satisfazia com isso.

Naturalmente é um prazer trabalhar junto com o caçador de felicidade, pois ele também tem um senso muito prático, produtivo, polivalente, trabalha em equipe e tem muitas ideias. Aqui uma prova:

> Na entrevista para o serviço militar pergunta-se a um jovem qual a sua profissão. Ele, de modo sincero, responde que inventa brincadeiras para o cinema.

O homem do serviço militar: “Então mostre-nos isso num exemplo”.

“Com prazer”, diz o futuro recruta. Ele abre a porta que dá para a sala de espera e grita aos demais jovens que estão esperando: “Vocês todos podem ir para casa, eu já consegui o emprego”.

Você está preocupado que eu acabe me tornando unilateral e dê um destaque exagerado a esse tipo? Ah, alegremo-nos juntos com pessoas que, com seu ser e seu comportamento, nos desafiam a buscar o bem, o que é importante e belo nesses tempos difíceis. Por isso, sempre me alegro quando, em meu trabalho, encontro clientes com essa tipologia.

Você pensa que essas pessoas não precisariam de terapeutas? Precisam sim. Também eles, às vezes, precisam de ajuda. Pois as contradições da vida atingem todo coração humano e não poupam nem esse tipo.

Mas o que poderá ser problemático neles? Uma vez que diversão e prazer são tão importantes, eles têm a propensão de desviar-se do que é desagradável, fugir de realidades menos atrativas, criando pela imaginação solta um universo aparente. Ocorre-me o exemplo de uma mulher que tinha de pagar uma grande quantia a um banco dentro do prazo de três dias, mas no momento de nossa entrevista ainda não sabia como iria conseguir o dinheiro. Quando perguntei se ela não ficava um pouco preocupada, ela riu e me disse: “bem, o dinheiro só será exigido daqui a três dias”. Você vê qual é o problema!

Não, preocupações, problemas e dores não são temas procurados pelo caçador de felicidade. Por isso, ele investe todas as suas forças no sentido de evitar essas dificuldades. Mas as dores, sobretudo aquelas interiores, podem indicar o caminho para as fontes que turvam nossa água vital. Por isso, quando não observamos a nós mesmos, isso pode gerar preocupações e problemas. Um exemplo de fuga da dor, que não teve maiores consequências:

> Num seminário, eu estava expondo aos participantes uma lista de palavras-chave, com as propriedades do caçador de felicidade. Entre elas encontravam-se – em negrito – as palavras: "Evitar dores". Pedi a uma mulher dessa tipologia para que dissesse algumas palavras sobre os aspectos singulares. Ela o fez prontamente. Mas todos os participantes ficaram estupefatos quando, ao final, ela simplesmente ignorou as palavras "evitar dores".
>
> Será que ela fez isso conscientemente? De modo algum. Ela só caiu em si quando lhe dissemos que ela havia ignorado aquelas palavras.

Muitas vezes, seu temperamento leva o caçador de felicidade a *agir* de forma superficial, irresponsável e desdenhando qualquer disciplina, o que pode levar ao caos tanto a ele quanto aos outros. Em sua busca por mudanças e atrativos sempre novos, ele tende a não perceber coisas que são importantes, inclusive seu próprio problema fundamental. Quando, em certa ocasião, um caçador de felicidade me perguntou sobre esse ponto, e eu lhe disse realmente que o problema seria "imoderação", ele riu e retrucou: "Eu, imoderado?" Certo dia, quando nos reencontramos, ele me disse que contara a sua esposa sobre o "estranho diagnóstico" que eu fizera dele. Ela teria respondido: "Como assim? Você não sabia?!"

Seria o caçador de felicidade realmente superficial, como se costuma afirmar? Quem diz isso não conhece sua realidade interior. É precisamente sua caçada da felicidade, do prazer e da alegria que aponta e afirma que ele busca realmente a profundidade. Que tipo de profundidade? A estabilidade interior, o centro, o núcleo. E, de fato, isso é o que falta a muitos caçadores de felicidade. Mas ele não buscaria por isso se não tivesse uma profunda intuição quanto à sua existência.

O que pode nos ajudar a avançar?

O valor de suma importância para ampliar a formação da personalidade se chama – e o caçador de felicidade não se espante disso! –

sobriedade. Não se preocupe: com essa palavra não tenho em mente algo burguês, convencional ou mesmo monótono.

Quem é sóbrio sempre está desperto e atento. Não se engana.

Quem é sóbrio tem a capacidade de não misturar constantemente o que é objetivo e o que é emocional. Mas é essa capacidade de que necessita urgentemente o caçador de felicidade. Pois ele tem a tendência de exagerar, de dramatizar e de deixar-se facilmente levar por seus sentimentos desordenados.

Quem é sóbrio sempre tem clareza. Clareza, porém, é a condição para evitar dores desnecessárias. Ele vê as coisas de longe, e as vê como elas realmente são.

Sobriedade é aquele valor que dá ao caçador de felicidade a possibilidade de otimizar sua felicidade mais do que tem feito até o presente. Será que isso não seria uma motivação para ele?

Três palavras de ouro

Um dia tão bonito, e eu ainda aqui! (Palavras do velho Wilhelm Raabe).

Se estás com pressa, senta-te! (Provérbio chinês).

É só uma água serena que reflete a luz do sol (Provérbio chinês).

O chefe quer liderar; ele é forte, consciente da sua responsabilidade e decidido

O chefe

Agora chegou a hora do chefe! Fique bem ereto, não se deligue. Não vacile! Não fale sussurrando. Fale com clareza e alto. Não faça rodeios. Diga-lhe o que você pensa – e terá grandes vantagens com ele, quando o encontrar. Nesse ponto, agradeço a todos os chefes que já conheci em meu trabalho terapêutico e que me desafiaram a reduzir aquela infeliz propriedade do reformador de xingar para dentro e ser conciliador para fora. Por vocês, chefes, já me alegro, antecipando nosso próximo embate.

O chefe é forte. Ele está profundamente enraizado em sua própria força. Mas visto que ele é forte, dificilmente se conforma com o fato de que "o mundo" seja tão imperfeito. Em sua postura de protesto contra a imperfeição, ele se assemelha ao reformador. Mas, diferentemente desse, não chega a reformar o mundo imperfeito – ele preferiria revolucioná-lo. Por isso, não é nenhuma surpresa que muitos grandes revolucionários pertençam a esse tipo.

O chefe quer sentir sua força – no confronto consigo mesmo e mais ainda no confronto com outros. Portanto, ele precisa de desafios. Por isso ele se satisfaz grandemente quando esses desafios lhe são oferecidos. Um exemplo:

> O chefe diz a seu novo assistente: "Não sou homem de muitas palavras. Quando você olhar pelo vidro e ver que levanto a mão, esteja imediatamente ao meu lado".
> "Certo, chefe, quando eu balançar a cabeça significa que não vou."

O chefe é ciente de si mesmo. Quem tem ciência de si mesmo gosta de um caráter bem-decidido, em si e nos outros. Por isso ele diz o que pensa, mesmo que sua visão das coisas provoque conflitos. Mas, para o tipo chefe, os conflitos não são tão irritantes, embaraçosos, angustiantes ou "enervantes" como o são para outras pessoas de outras tipologias. Ao contrário, provocam clareza, e por isso eles só descansam quando há conflitos.

Quando alguém foge dos conflitos, a pessoa do tipo chefe pode também tornar-se desagradável, não só porque lhe falta clareza, mas também porque quer saber de imediato onde estariam amigos e inimigos.

O chefe é uma personalidade de liderança. Essa é sua natureza. Isso faz parte dele. Nesse ponto, é impossível não pensar em Gerhard Schröde, que, quando jovem, agarrado aos portões da chancelaria alemã, sacudia e gritava: "eu quero entrar aqui".

O chefe é um homem de poder. Espera ou exige de seu entorno que as coisas corram de acordo com seus desejos. E, se assim acontece, então, sim, está tudo bem. Ele quer saber tudo. Ele quer tudo sob seu controle.

Às vezes, porém, ele é submetido a um papel de direção, e nem sempre ele se alegra com isso. Tenho conhecimento de mulheres fortes, que muitas vezes gostariam de reclinar a cabeça no ombro de seus parceiros. Mas acham difícil expressar esse desejo. Isso porque, demonstrar fraqueza ou até dor não é o forte do chefe.

O chefe não só é capaz de liderança, como também assume e leva a sério suas responsabilidades. Ele odeia discussões prolongadas. Ele quer chegar logo no ponto desejado. Ele não se detém muito em teorias, mas faz tudo para logo transformar as palavras em atos.

É notável seu senso apurado para inverdades e injustiças. Quando ele as descobre, não vacila, eleva claramente sua voz e exige com poder que sejam banidas.

É alérgico a autoridades autoproclamadas, porque ele é contrário a tudo que é artificial e inautêntico. Mas é aconselhável precaver-se. Ele saca – não sem certo prazer – as armas adormecidas de suas palavras e desmascara sem piedade os "faltosos". Ele não conhece perdão! Ele pode ferir, e às vezes até exagerar. Ele açoita tudo que é injusto e inautêntico, e se mostra duro e implacável. Então, irrompe nele sua propensão para a dominação.

Mas nem sempre. É bem verdade que não lhe é estranha também certa propensão a negar falhas e injustiças pessoais, mas ele também pode enfrentá-las corajosamente. Um exemplo:

> Num seminário, um jovem chefe, frente a uma mulher, se portou não só de forma injusta, mas também acabou ferindo-a. Na pausa pedi que viesse falar comigo, olhei-o bem de frente, mostrando-lhe seu comportamento lamentável. Por um momento ele ficou calado. Então, para meu espanto, vi em seu rosto duas pequenas lágrimas. E continuou calado. Por fim, balançou a cabeça quase imperceptivelmente e disse apenas: "O senhor tem razão. Meu comportamento foi deplorável". Eu poderia ter-lhe dado um abraço, mas não o fiz, pois, se o fizesse, ele teria se sentido humilhado.

O chefe pode também se comportar de forma bem diferente para com os subalternos e não repetir o que faz frente a pessoas injustas, que falam inverdades, e frente a autoridades autoproclamadas; com seus subalternos, pode portar-se com autocontrole, grandioso e generoso. Quando encontra pessoas que são fracas e não conseguem modificar esse estado de coisas, ele pode assisti-las e tornar-se até certo ponto afável. Frente aos outros, ele edifica através de sua autoridade convincentemente vivenciada e lhes transmite assim um sentimento de fortaleza.

Esses modos de comportamento não nos devem surpreender, pois nele, sendo orgulhoso, habita uma "criança interior", que é branda, carinhosa e gentil – e cultiva um profundo desejo de um mundo bom.

Ora, já falamos o suficiente sobre ele. Como você sabe, ele quer ver a ação. Portanto:

O que pode nos ajudar a avançar?

O valor que pode ajudar o chefe a avançar em sua formação de personalidade se chama *bondade*. Bondade é a marca característica de uma pessoa forte de fato. Bondade é muito mais do que ir ao encontro do outro, mostrar simpatia ou benevolência.

A pessoa bondosa também dá ao outro tudo que foi mencionado, mas sobretudo deixa que este se demore tranquilamente ao seu lado. Ela não o julga. Não ajusta contas com ele. Não o acusa de nada. Mas por que razão?

Ela conhece a si mesma. Já experimentou a si mesma. Sabe que as pessoas podem se comportar de maneiras diversas, todavia todos juntos estão sujeitos à ambivalência da vida. Sabe que a imperfeição faz parte do ser humano, inclusive a possibilidade de fracassar. Ele tem consciência de que todo mundo depende da bondade de outras pessoas.

A pessoa bondosa tem bom humor porque consegue distinguir entre as coisas importantes e as menos importantes. Ela não procura descobrir primeiro as falhas dos outros, mas suas qualidades.

Três palavras de ouro

Deveríamos estender a verdade como um manto ao outro, de modo que ele possa nele envolver-se, e não recortada como um pano úmido para as orelhas (Max Frisch).

Na sua opinião, o que existe de mais humano? Poupar a alguém da vergonha (Friedrich Nietzsche).

Ele é o que é, diz o amor (Erich Fried).

O original é aquele que vive "tranquilamente na terra"; entrega-se prazerosamente a seu mundo interior, onde ele se sente em casa.

O original

Chegamos àquele que vive tranquilamente na terra. Você pode se alegrar com seu encontro. Ele irá ao seu encontro com alegria, cordialidade e serenidade. Logo você sentirá confiança nele. Sentirá que ele vai deixar que você seja você mesmo.

Faz parte de sua fortaleza o dom da empatia. Ele compreende muitas coisas e muitas pessoas. Aceita os mais diversos pontos de vista. Com isso, ele já ajudou a muitas pessoas, participando e intermediando muitas conversações complicadas. Você irá admirar-se também pelo fato de que essa pessoa recatada não julga precipitadamente o comportamento de outras pessoas, a não ser que seja algo que lhe diz respeito. Ele busca ser justo e compreender a razão por que essa ou aquela pessoa se comporta desse ou daquele modo.

É uma pessoa que permanece impassível, mas se torna lúcida e clara quando acontecem injustiças contra as quais ninguém se rebela. *Ela* toma posição. Deixa de lado seu recato. Então ela abre a boca e fala sem rodeios. Ela diz o que pensa.

Você pode perceber que o original não fala muito, embora muito tenha o que dizer. Não leva a si mesmo muito a sério. É bem provável que seja por isso, também, que gosta de ser visto. Não está muito centrado no seu próprio eu. Pode, por exemplo, acompanhar por uma noite inteira uma conversa, sem participar ativamente falando. Se alguém ficar preocupado com seu silêncio, ele é capaz de responder com um sorriso e sem hipocrisia que está tudo bem.

Por que ele é assim desse jeito? Seguramente é por causa de seu tipo. Mas o que há de especial em seu tipo? Sua relação para com o mundo interior. Sobre isso já falamos ao abordar o tipo romântico. Mas, enquanto este *procura* a si mesmo e procura sua pátria em seu mundo interior, o original sente-se em casa em si mesmo. Ele habita em si mesmo. Repousa em si mesmo. Sua atenção e seu interesse estão em si mesmo – mais do que no mundo exterior.

Todavia, não vamos transformá-lo num anjo; ele também participa das contradições da vida. Por mais contagiante que seja seu dom de não se levar muito a sério – o perigo ligado a isso é muito claro, a saber, o perigo de não se levar a sério o *suficiente*.

No exemplo seguinte, apesar de tratar-se de uma anedota engraçada, vem refletido de maneira um tanto hilariante um importante aspecto do perigo que ameaça o original:

> Um pai, sossegado e recolhido em si mesmo, está sentado num vagão de trem junto com seus quatro filhos. Em frente a ele sentou-se um velho senhor. As crianças fazem bagunça, gritam, jogam objetos, pisam nas pernas do velho. O pai deixa a galera se divertir.
>
> A certo ponto o velho senhor se irrita e diz ao pai: "Se o senhor não ordenar que seus filhos se comportem, vou ficar incomodado".
>
> O pai tira o suor de seu rosto e diz, cansado: "Me desculpe, já tenho incômodos suficientes: estamos a caminho de um enterro. O mais velho jogou o bilhete de passagem pela janela. O mais jovem está com as calças cheias. Queríamos ir para Mainz e nós entramos no trem que vai para Ulm..."

Poderíamos interpretar esse comportamento como amor paterno, mas também poderíamos interpretá-lo como aversão a conflitos. Pessoalmente tendo a achar que a última hipótese é a correta. Em todo caso, esse fenômeno pode ser observado com muita frequência no original. Ele tem a tendência de acolher passivamente o que os outros consideram como desafio. Mas os conflitos são para ele simplesmente irritantes. Ele não os quer. Ele lhes volta as costas, e prefere retornar para seu mundo interior. Mas desse modo não só deixa largado a si mesmo, mas também aos outros.

Quais as consequências disso? Ele não toma conhecimento de suas verdadeiras forças. Ele as "treina" muito pouco. Por isso não se sente à altura do mundo, surgem nele sentimentos de inferioridade que paralisam, por seu turno, as forças de iniciativa. Mas, para os que estão fora de seu mundo, o modo como ele fala pode tornar-se um tanto irritante.

Às vezes ele também acaba agredindo aqueles que se sentem abandonados por ele nos conflitos. Não é de se admirar, portanto, que nos relacionamentos, em certas circunstâncias, ele perca o respeito de quem enfrenta com ele as lutas diárias e também o respeito por si mesmo. Um exemplo engraçado:

> "Mas o que você está fazendo aqui no meio do parque a essa hora da noite?", pergunta preocupado um amigo ao colega que, com o semblante abatido, vai caminhando lentamente. Sua resposta resignada diz:
> "Não posso ir para casa. Minha mulher recebeu a visita de seu amigo de juventude, e ele fala tão alto que não consigo aguentar".

Às vezes é difícil evitar a impressão de que o original não leve o mundo a sério. Como se em seu rosto, ademais tão modesto, surgisse um sorriso que oculta por dentro muita altivez – altivez frente à vida cotidiana com suas ninharias e dificuldades ridículas, mas também com suas alegrias e conquistas. Então ele parece estar acima das coisas, e os outros têm a impressão de que ele se coloca acima deles.

Mas é possível também que sua altivez o leve a questionar o sentido de sua própria vida e da dos outros. Como me disse um original num seminário, com olhar sorridente, que poderia tranquilamente morrer naquele dia, pois a vida seria para ele totalmente indiferente. Mas no dia seguinte, quando arranjei coragem e lhe perguntei se talvez não era sua altivez que o levava a pensar desse jeito sobre si mesmo e sobre a vida, ele ficou pensativo – e, mais do que isso, seu sentimento em relação à vida modificou-se de uma hora para outra. (Anos mais tarde, quando me encontrei com ele, percebi que ele continuava muito contente com a vida.)

Sua tendência em recolher-se em si mesmo e evitar conflitos também lhe retirava a alegria de tomar decisões. Quem se torna testemunha desses processos de tomada de decisão – dependendo de seu temperamento – irá divertir-se muito ou preferirá distanciar-se, pois poderia perder a cabeça.

Como se mostra tal "processo"? De um modo um pouco caricaturado, mostra-se assim: o original pondera. Ele observa a decisão que tem de tomar, da direita para a esquerda, de cima até embaixo. Depois faz uma pequena pausa. E por fim se decide, e retoma o que decidiu etc. – assim perde um tempo precioso.

De onde vem esse comportamento? De sua falta de iniciativa, que indubitavelmente pertence à sua tipologia. Mas isso não é um destino implacável, pois a falta de inciativa se baseia no fato de que ele não leva suficientemente a sério a vida e, às vezes, inclusive, a despreza.

O que pode nos ajudar a avançar?

Também esse tipo está dotado de capacidades *e* de fraquezas. E como poderia ser diferente? Pois ser um humano significa estar exposto às polaridades da vida. *Mas não só isso*, pois *todos e cada um* têm a capacidade de postar-se *livremente* frente a tudo, frente a todos e a si mesmo, ou pelo menos de modo parcialmente livre. Por isso, às vezes fico admirado de que muitos contemporâneos não busquem nada mais do que liberdade, mas que eles próprios pouco fazem para consegui-la. E como podemos nos tornar mais livres? Através do seguinte:

• descobrindo qual é o *valor vivenciado* que nos faz avançar;

• meditando, entrando em sintonia e sonhando com esse valor;

• fazendo desse valor o ponto principal de nossas vidas – e vivenciando-o!

Qual é, porém, o mais importante valor para o original? A *paixão* pela vida, pois essa mobiliza as forças da iniciativa. Quem desenvolve a paixão pela vida desenvolve ao mesmo tempo a *empolgação*. Empolgação e entusiasmo (*Begeisterung*, no alemão) estão ligados com o espírito (*Geist*). Mas espírito é muito mais do que um objeto do qual se ocupam os filósofos alienados do mundo. Espírito é, ao contrário, algo bem vivo! Não só gera conhecimento, é também *o* motor de nossa força formativa.

A pessoa espiritual está aberta ao mundo. Não passa ao largo da vida, cansada e passiva. Ela vê o que está acontecendo de importante e muda o que deve ser mudado. Ela assume responsabilidades, não amuado, como quem carrega um fardo pesado, mas com prazer; se não o faz sempre, o faz frequentemente. Compreende que vida é finita e que sempre se está no "tempo oportuno" de fazer o que é devido, com o sentido mais preciso possível.

Mas será que eu não deveria colocar rédeas em meu idealismo? Será que minha tipologia de reformador não me está "dominando" aqui? Um pouco, talvez. Mas a paixão e o entusiasmo pela vida não são privilégio de *nenhum* tipo, nem sequer do original. Então, o que é essencial que o original e o ser humano em geral façam?

Isso: compreender que vida é dar resposta às mais diversas situações: às situações agradáveis e às menos agradáveis, às difíceis e às menos difíceis, às radiantes e às conturbadas, à vida no *seu todo*, da qual temos o privilégio de participar.

Você está balançando a cabeça? Através disso você está enriquecendo seus dias?

Você concorda comigo? Então seja meu companheiro e caminhe comigo pelas diversas fogueiras da vida. Umas, talvez, nos pareçam muito quentes e nos queimem, outras irão nos aquecer e clarear o coração. Que bom se, no final de nossa viagem através da vida, pudéssemos dizer como Rilke – que conheceu profundamente muitas horas de escuridão: "Não esqueçam jamais – a vida é uma glória!"

Três palavras de ouro

Vida significa realizar uma tarefa de que fomos incumbidos; e, na medida em que evitamos de empenhar-nos em alguma coisa, esvaziamos nossa vida (José Ortega y Gasset).

Melhor do que milhares de suspiros profundos é um gesto (Uma verdade chassídica).

Para que servem todos os nasceres de sol se nós permanecemos deitados? (Georg Christoph Lichtenberg).

No capítulo a seguir, lançando mão de situações bem concretas, gostaria de demonstrar como as pessoas reagem a um pequeno infortúnio, de acordo com seus modelos específicos de personalidade. Espero que, desse modo, as figuras dos diversos "tipos" recebam alguma complementação.

Um incidente criado com as cinzas

Imagine nove anfitriões. Cada um deles possui uma tipologia distinta. Um dos convidados, sem perceber, deixa cair cinza de cigarro sobre uma toalha de mesa branco-neve. Como se comportarão os anfitriões? Para destacar melhor cada tipo, a situação usada no exemplo é exagerada.

Para ver a ação de ambos, homens e mulheres, sugiro uma alternância dos sexos na apresentação da situação. Todavia, com essa alternância não tenho em mente nada específico para homens ou mulheres.

O reformador

Antes da chegada dos convidados, o *reformador* anda inquieto pra cima e pra baixo diante da casa porque teme que alguém possa estacionar sobre a grama. Com palavras um tanto estereotipadas, cumprimenta os convidados, desejando que sua noite seja bastante agradável.

Logo depois de um começo de noite, muito bem ensaiado, acontece a cena:

Com os olhos vidrados, o anfitrião vê a cinza cair. Quase não consegue conter um impropério. Mas à pergunta do infrator, se isso "seria muito ruim", o reformador responde pressuroso: "claro que não" – e arranca de dentro de si um sorriso meio forçado. Por dentro, no entanto, ele pensa assim: "Isso não só é ruim, como reflete muito bem o espírito desse nosso tempo. As pessoas não conseguem fazer absolutamente mais nada sem alguma droga".

Mas, uma vez que é preciso retirar a cinza da toalha – não tendo algo melhor – tenta afastá-la com as mãos. As consequências são que ele acaba aumentando e intensificando a mancha. E o que acontece então?

Uma vez que sua mulher (observadora), ao seu lado, olha para ele friamente, informando-o objetivamente que lavando a toalha com uma certa solução a mancha será removida, ele se senta de novo mais encorajado. Sossega. Mas seu olhar sempre de novo esbarra no lugar do acontecido. Contente e com brilho nos olhos, um caçador de felicidade coloca a mão no seu braço e sussurra: "relaxa". Mas o conselho bem-intencionado desencadeia exatamente o contrário.

As conversas que se seguem já não têm mais o formato da primeira parte da noite. Contrariado, o anfitrião pensa assim: "Que droga, afinal quando é que essa turma vai embora?", e, aparentemente contente e cantarolando, serve mais vinho.

Os convidados se foram. Ele se larga na poltrona exausto e olha ruminando para o dito lugar. "E daí?", pergunta sua mulher. Sua resposta: "O que teria sido da noite se esse sujeito não tivesse deixado cair sua maldita cinza?"

O auxiliador

A anfitriã não perdeu a oportunidade de buscar ela própria de carro alguns convidados, apesar das excelentes conexões de ônibus. Ali, dois convidados tiveram uma sensação muito especial. Mas, quando eles viram o cardápio da mesa de jantar, logo ficaram com água na boca e excitados. Quanto trabalho não deve ter dado a preparação dessa obra de arte!

Tarde da noite aconteceu o incidente:

A auxiliadora olha primeiramente para o que cometeu o delito com a cinza, sondando como ele se sente. Antes que ele sequer possa expressar uma palavra pedindo desculpas, ela vai sacudir o casaco dele, pois imagina que as cinzas poderiam ter sujado seu belo traje.

Ela dá atenção ao convidado e lhe arranja outro cinzeiro (o que é totalmente desnecessário). Então, para salvar a situação aparentemente bem constrangedora, ela solta algumas palavras mais descontraídas. Os outros aguardam para ver o que vai acontecer com a mancha. Mas a auxiliadora deixa a cinza onde ela está. Quando um dos convivas (o leal) tenta afastá-la, ela o impede indignada: "Ora, você não vai fazer isso!" Um outro (o chefe) observa inquieto. Uma romântica se diverte observando a cena engraçada.

A anfitriã não consegue evitar, vez ou outra, de olhar para as cinzas, cuidando atentamente para que ninguém tenha a ideia de retirá-la de lá. E quando alguém de fato tenta fazê-lo, fica claro para todos o rápido lampejo de ira no seu rosto, que, entretanto, logo desaparece.

Na despedida, ela abraça os convidados com um pouco mais de profusão, especialmente o que cometeu o acidente com as cinzas. Então ela chama de lado uma velha senhora e sussurra em seu ouvido, que naturalmente amanhã ela passa por ali e irá ajudá-la a puxar aquele pequeno armário até o terraço.

A pessoa de sucesso

O anfitrião retardou de tal modo as negociações com o notável senhor até que os convidados chegaram. As pessoas ficam admiradas com seus contatos. Aparentemente de forma despretensiosa, deixam escapar a observação de que seus filhos costumam brincar juntos.

No salão não falta nada. Um conviva (romântico) confidencia a um outro as suas impressões de que "o ambiente" aparenta um pouco a novo rico. Uma senhora (leal), que ouviu por acaso a observação, objeta: "Não subestime seu gosto!"

Então acontece o incidente. As cinzas caem.

E o anfitrião? Ele brilha. Todo mundo, ou mais precisamente: todos os convidados presentes experimentam sua soberania e universalismo. Para exatamente esse caso específico, em Londres ele teria comprado uma pequena escova com captadores de prata, da qual agora ele lança mão com maestria. Quando uma dama quer ajudá-lo, sorri para ela com graça e lhe diz: "Ora, você me conhece". Um pouco irritada, ela acena pensando: "O que ele quis dizer com isso?"

Já desembaraçado de pensamentos remanescentes do incidente, o anfitrião continua a conversa. Sim, parece que a recente demonstração de sua habilidade potencializou ainda mais seu humor. Também os convivas se sentem bem. Apenas o chefe parece um pouco intrigado. Ali existe algo que o incomoda.

E ele se propõe a desvendar "isso" logo na próxima oportunidade.

Na despedida, o anfitrião dá um forte aperto de mão ao conviva que lhe proporcionou sua aparição triunfante e pergunta jovial: "Devo trazer também para o Senhor uma escova de prata de Londres?" Amigavelmente, o outro concorda, muito embora não tenha muito claro em que irá utilizar essa aquisição.

O romântico

A anfitriã mandou confeccionar para cada convidado um mapa do caminho, com muitas cores. Antes da chegada dos convidados ela relaxou ouvindo música suave. Quando ela recebeu os convidados na porta de entrada, todos sentiram que a noite seria especial.

Todos ficaram impressionados com o arranjo interno da recepção. De início ninguém ousou ficar à vontade. A *romântica* sensível acolheu as vibrações dos convivas e se empenhou para que eles superassem seu acanhamento, mesmo já estando relaxados na poltrona.

Em algum momento o incidente com as cinzas se deu: A anfitriã soltou um grito claro e logo colocou a mão frente à boca. Apesar disso, não conseguia esconder sua decepção. Graciosamente ela apoiava com a mão esquerda sua cabeça levemente inclinada. Ela havia organizado a mesa, as velas no espaço, tudo com muita arte. Ela agora estava conversando intensamente com sua vizinha. De repente, chega esse homem grosseiro e faz uma bela de uma mancha no meio da toalha (o infeliz lugar do incidente estava na verdade bem numa das bordas).

A auxiliadora logo se adiantou para ajudar. O observador olha com interesse para ver como vai se desenrolar o caso. O caçador de felicidade nem sequer se apercebeu do que aconteceu. E a romântica – o que fará?

Ela se dá conta: essa é sua noite! Foi *ela* que a organizou. Por isso depende dela remediar a situação. Ela deve isso a si mesma. Com certo exagero, bate as mãos alegremente, chamando a atenção da turma, e diz: "crianças, vamos transformar esse *malheur* em um *bonheur*!"

Antes que o "desajeitado que fez a mancha" pudesse compreender a frase um tanto espirituosa, ela desapareceu, balançando graciosamente os quadris. Trazendo nas mãos um pequeno livro, encapado com seda, ela retorna e começa a recitar: "A mancha". Antes de começar a recitar a poesia composta por ela própria, ela olha mais uma vez à sua volta cheia de expectativa.

Na despedida, tarde da noite, alguns dos convidados não conseguem esconder certa melancolia, enquanto a anfitriã permanece ali sozinha.

O observador

Quando o anfitrião abre a porta para receber os convivas, cumprimentando-os, esses não sabem bem se são bem-vindos ali ou não. Ele se apresenta um tanto formal, e sua aparência também não é muito amistosa.

Mas a atmosfera logo se modifica. Todos percebem que ele preparou a noite com muito cuidado.

E acontece o inevitável:

E o *observador*? Ele fica bem impassível. Aparentemente só olha para as cinzas, e em seguida pensa o que pode fazer a respeito. Quando uma senhora (auxiliadora) se oferece para limpar as cinzas, ele a detém levemente. E quase imperceptivelmente ele balança a cabeça.

Ele não compreende a agitação que se formou. Fica meio constrangido. É embaraçoso para ele também o fato de o causador do acidente não parar de lhe pedir desculpas pelo ocorrido. Seu rosto começa a tomar traços de esfinge. Quando, finalmente, outro senhor (reformador) começa a investigar com precisão o ocorrido e acaba reconhecendo que "em última instância ele foi o culpado" de sujar a toalha com as cinzas, o observador prova uma de suas observações irônicas temíveis: "Que bom que todos nós temos um fino sentimento sobre o que é importante e o que não é".

E, visto que ninguém reage à sua observação, ele materializa melhor suas palavras: "Alguém de vocês conhece as partes que compõem a cinza?" E visto que obviamente ninguém dos presentes jamais pensou sobre a consistência das cinzas, o grupo continua em silêncio. O resultado é que o nível de humor não mudou muita coisa.

Na despedida, um dos convidados (a pessoa de sucesso) diz ao anfitrião: "A noite foi ótima!" E dá apenas um sorriso contido. Mas o anfitrião sorri enquanto um romântico diz apenas um "muito obrigado!"

O leal

O leal recebe os convidados logo na porta da casa. Ele abraça carinhosamente a cada um. Propriamente falando, a casa é pequena, se comparada com os muitos convidados. Mas a anfitriã não poderia imaginar deixar de convidar um sequer do círculo de seus amigos.

Ela trabalhou por horas para preparar a ceia e se sente agora um pouco cansada. Quando sua melhor amiga, na cozinha, lhe pergunta se está cansada, ela apenas sorri e diz: "É claro que não! Estou muito contente que esteja todo mundo aqui". E isso é verdade.

Então acontece.

Um dos convidados (chamado pela anfitriã de amigo, mas na concepção usual seria apenas um dos conhecidos) não só derrama cinzas sobre a grande toalha. Para piorar a situação, ao tentar conter as cinzas acaba derramando um copo cheio de vinho tinto sobre a toalha. Brados, gritos e pessoas falando "calma"! Todos se levantam, querem ajudar. Mas como?

Ninguém percebe que o observador deixou o campo de luta e se retirou para o jardim. Sua capacidade defensiva não suporta tantas emoções num único ambiente.

Então a anfitriã dá uma piscadela a suas três melhores amigas, que já têm experiência em casos semelhantes (todas as três leais) e elas logo compreendem. Cada uma delas, pegando numa ponta, retiram a toalha, levam-na embora, juntas procuram outra toalha e, num lance, colocam-na juntas sobre a mesa. Então a anfitriã, de braços abertos, vai ao encontro da pessoa que derrubou as cinzas, dá-lhe um abraço e lhe diz amavelmente: "Está tudo bem. Isso acontece com todo mundo".

Os convivas estão muito à vontade e por isso ficam até depois da meia-noite. Muito embora a anfitriã não consiga mais ocultar um bocejo, ninguém se incomoda com seu cansaço. Todo mundo a conhece!

O caçador de felicidade

O caçador de felicidade recebe os convidados já em frente ao portão do jardim. Há horas ele já está contente em poder cumprimentá-los com seu chapeuzinho colorido. De longe acena para os convidados que estão chegando. Ele os cumprimenta com muitos beijos. Está extremamente contente pela noitada que está por vir.

Sua alegria contagia também os convidados, que vieram até certo ponto já cansados.

O ambiente está enfeitado e bem colorido. Há flores por toda parte. Guirlandas ornamentam a mesa. Música de flauta, não muito alta, serve para receber os foliões. E a festa segue! Ouvem-se risadas. Hoje não é dia para conversas sérias. O ambiente de bem-estar se evidencia – e isso em todos os níveis.

Então você já sabe o que acontece: As cinzas caem sobre a toalha branco-neve. A brasa faz um buraco no pano da toalha. O que derrubou as cinzas (pessoa de sucesso) olha ao seu redor atrapalhado, inclina-se sobre a "mancha" e diz, de modo que todos possam ouvir: "veja só, acho que aprontei uma boa de novo". Um outro convidado (reformador) volta para o lado e sussurra bem baixinho: "típico dele". Um terceiro (romântico), encostado na parede de fundo, olha para a confusão que se formou e pensa: "é uma falta de cultura impressionante".

Mas o que faz nosso caçador de felicidade, o anfitrião? Ninguém percebeu que, por um instante, uma sombra cobriu seu rosto (pois essa toalha fora um presente de sua mãe). Ele abre caminho para chegar no lugar do ocorrido, sorri e, colhendo rapidamente algumas flores dos vasos, coloca-as ao redor do buraco, olha em torno e fala alto: "pronto!"

Todos riem, elevam os cálices e brindam à sua saúde. E novamente ninguém percebe que por trás de seu olhar sorridente se esconde ainda um pouco de tristeza.

A despedida? Foi exatamente como a acolhida: alegre, cordial, cheia de abraços e promessas de reencontros.

O chefe

A anfitriã recebe os convidados na porta de casa com um forte aperto de mão. A recepção dos que chegam mais tarde fica por conta do marido.

Os convidados sentem-se honrados pelo convite. No entanto, inicialmente eles se sentem um pouco tensos. Uma convidada (caçadora de felicidade) tenta quebrar o gelo, contando sobre um encontro hilariante que teve à tarde. Mas não teve muito sucesso, pois a história não teve o efeito esperado. Foi só um convidado (pessoa de sucesso), avesso a qualquer constrangimento, que riu bem alto. Mas logo que percebeu que a anfitriã não partilhou muito de seu entusiasmo, abrandou sua fisionomia. Todos sentem-se agradecidos porque finalmente a hora da ceia lhes dá a chance de ocupar-se com alguma coisa.

As cinzas caem. Um acidente infeliz que deixa atrás de si um longo risco de cinzas. E isso não combinou nada com a nobreza da toalha. O infeliz azarado ouve a anfitriã dizer: "sua mão já foi mais tranquila". De imediato, o infeliz não consegue proferir nenhuma palavra. Com movimentos bruscos, volta-se para ela e tenta se desculpar. Não é tarefa fácil para ela. E não se ouve nenhum "está tudo bem", "não foi nada" ou "isso acontece". Ela fica calada, faz um sinal à servente. Essa retira a toalha e logo coloca uma outra.

Parece que a atmosfera tensa se tornou desagradável para todos, menos para a anfitriã. Assim, meio desesperada, uma convidada (auxiliadora) aproveita a chance para tentar salvar a situação. Com o rosto vermelho, diz em voz alta: "Não é bacana quando nem tudo sai conforme o combinado?" A anfitriã está para responder, mas recolhe de volta as palavras que já estavam na ponta da língua, pois seu marido (também um chefe) que está junto dela lhe dá um toque nas costas.

A hora do romântico é essa. Já que ele tem amizade com os anfitriões, volta-se para o aparelho de som e coloca uma música bem relaxante. Então volta-se para o grupo e diz: "*Voilà*, há problemas bem maiores do que esse, não é verdade?" Com charme, toma a anfitriã pelo braço e a acompanha até seu lugar com uma inclinação graciosa.

Ela compreende. Já manifestou suficientemente seu descontentamento e, bem-humorada, eleva o cálice. Todos estão aliviados. Agora tudo está bem. O grupo aumenta o barulho e também sua alegria. A anfitriã agarra o marido e vai dançar. Todos dançam junto com eles. Quando vão embora já é de manhã cedo.

"Que festa!", brada alguém no portão do jardim à anfitriã. Da próxima vez vamos estender a festa por três dias, retrucam os dois chefes.

O original

O original convidou oito convivas. Ele realmente não gosta de "agrupamentos de massa", mas prometeu satisfazer ao desejo de sua esposa (romântica), que há muito já sonhava com uma festa um pouco maior. A escolha dos convidados o ocupou por semanas, pois ele faz questão de que todos se sintam muito bem. E, visto que os preparativos o deixaram esgotado, deita-se um pouco para estar descansado para a noite. Quando vai se aproximando a hora da chegada dos convidados, ele se sente excitado. Por um instante, ele reflete se não seria melhor que sua esposa recebesse os convidados. Depois ele dá um tranco em si mesmo e assume essa tarefa que não é fácil. Alegre e modesto, cumprimenta os convidados que estão chegando. De repente, fica meio confuso, pois não sabe onde colocar as flores que trouxeram. Os convidados formam um círculo no salão. Esperam que ele diga alguma coisa. Ele esfrega as mãos, ergue o cálice e, com um sorriso contido, diz: "E, então, vamos em frente...?"

A noite transcorre em harmonia. Fala-se sobre diversas coisas. Então acontece (não, ainda não é o caso com as cinzas): Um homem (reformador) estava falando mal de um colega, denegrindo sua imagem. A anfitriã percebe que seu marido estava ficando inquieto e se levantou. Sempre sensível e pronta, ela sente que pode acontecer algo de inesperado. O original se aproxima da mesa, espera até que o reformador faça uma pausa na conversa, e então diz: "Desculpa, mas não posso deixar passar em branco o que você está afirmando. Em primeiro lugar, não gosto que você fale mal de fulano de tal, e, em segundo lugar, você deveria refletir um pouco antes de falar..."

Seguem-se algumas explicações rápidas sobre a improcedência das afirmações que o outro estava fazendo. A pessoa abordada está estupefata. Cala-se. Os outros também se calam. Quem poderia ter imaginado que o original pudesse ter um posicionamento assim tão nítido, e isso numa noite igual a essa! O reformador abaixa sua cabeça, sabendo que fez besteira. A auxiliadora foge para a cozinha (que não é dela) para buscar mais vinho. A pessoa de sucesso diz: "Ora, ora, meninos, não era bem isso que Peter (reformador) tinha em mente". Silenciosamente a romântica se apraz com o processo dinâmico que vai tomando o grupo. Depois de certa hesitação, o observador também se manifesta: "Como foi que começou exatamente a discussão?" Com uma mão, o leal toma a mão do reformador, com a outra, a do original, olha cordialmente para eles e depois diz: "Façam as pazes novamente" (o que a romântica acha bastante constrangedor). O chefe está folheando o jornal e diz baixinho, mas claro: "Quando tiverem terminado com essa baixaria, podem voltar a me contatar". E o caçador de felicidade? Certamente não foi desse jeito que imaginou a noite. Sem meter-se nas conversas, vai até o aparelho de CD e coloca uma valsa vienense.

O clima volta a ficar mais relaxado e precisamente agora derrubam-se as cinzas. O original não se interessa em saber quem foi. "Não foi nada", afirma ele, assopra-as para o tapete e volta-se novamente a dar atenção aos convidados. Sua mulher olha amavelmente para ele – orgulhosa. A noite torna-se agradável e prazerosa.

Na despedida todos prometem um breve reencontro. O anfitrião se alegra com isso, mas espera que isso só ocorra depois das férias.

Também este capítulo

tem a incumbência de complementar as diversas imagens próprias da personalidade e, na medida do possível, recomendar encarecidamente sua consideração. Então...

Ao volante é possível conhecê-los

O que seria de alguém sem seu carro! Nosso carro é nosso segundo lar; portanto, extremamente importante. Mas nós temos uma relação com tudo que nos é importante. Por isso o carro é muito apropriado para nos aproximar e para compreender melhor o mistério de nossa tipologia. Agora tenho o prazer de apresentar-lhe a tríade: homem – carro – estrada. Peço-lhe novamente que leia essas páginas levando em conta que as seguintes observações são um tanto exageradas. Mesmo assim pode acontecer que, numa ou noutra descrição, você se sinta perfeitamente identificado. E, para novamente contemplar homens e mulheres, exponho mais uma vez alternadamente os dois tipos. Comecemos:

O reformador

Ele gosta de carros. Especialmente de carros rápidos. É coisa bem diferente para ele guiar um carro que chame a atenção e um carrinho modesto.

E uma vez que antes de sua partida ele arranjou absolutamente tudo em casa, pode viajar tranquilo conforme os planos. Presta atenção às malditas armadilhas dos radares, sempre que pode, lançando-lhes uma xingação. Quando ele consegue encontrar um deles, sente imenso prazer em colocar os pés no freio e passar vitorioso por ele.

Seu caminho vai dar na rodovia. Ele se senta ereto, e, como se fosse um piloto de corrida decidido, pisa fundo no acelerador. Sente-se livre correndo em alta velocidade. Ele respira fundo. Olha constantemente para o velocímetro. E o medidor de velocidade continua subindo. Mesmo quando atinge a velocidade de 170km/h não está satisfeito. É só quando se aproxima da marca dos 200km por hora que sente-se satisfeito. Mas só por um instante.

"O último carro chegava aos 230km/h", pondera ele. "Bons tempos... quando é que vou poder vender essa carroça?"

O que o reformador temia, acontece. E ele sabia! Um congestionamento! "Vou acabar gastando uma hora por aqui! Por que será que eles precisam fazer obras na estrada justamente no verão?!"

A fila se mantém. Ele está ali sentado. Mas não inteiramente. Com a palma da mão bate sobre o volante. Ele liga o rádio. "Sempre essas músicas idiotas", diz em voz alta. Também as outras estações não lhe agradam. Então uma senhora passa por ele pela faixa da esquerda. Ela sorri. Ele reconhece seu contentamento acenando com a cabeça. De qualquer modo, ela lhe dá a ideia de passar para a pista mais rápida.

Um erro! O carro que há um bom tempo estava atrás dele, seguindo-o, já o ultrapassou agora. Por que esqueci meu celular precisamente hoje?, se pergunta ele. Sua irritação atinge camadas mais profundas da alma.

Então se dá a virada. A simpática dama, de repente, anda mais rápido. No rádio toca uma melodia que ele gosta. De novo, sua respiração volta a ser profunda. O marcador do velocímetro aumenta. "Não foi tão ruim assim", pensa ele, e se envergonha um pouco por causa de sua impaciência. Então seu olhar incide em algo escuro. O celular. Por causa da irritação aguda, sequer tinha percebido que estava ali. Ele não se contém. Telefona a 160km/h. Desculpa-se profusamente e avisa que vai se atrasar. Ao chegar ao seu destino, olha para o grande relógio sobre o *hall* de entrada que marca a hora exata que tinha de chegar.

À noite ele se pergunta pensativo: "Como seria minha vida se eu fosse um pouco mais calmo?"

A auxiliadora

Também ela, a auxiliadora, sempre está atrasada com seu carro, porque foi pegar pão para sua vizinha. Seu carro é pequeno e muito útil. Ela não compreende muito por que as outras pessoas pensam tanto na hora de escolher seu carro. Há coisas bem mais importantes do que isso.

Não, no primeiro trecho livre ela não corre tanto. Vai com cuidado. Poderia acontecer de alguém atravessar a rua sem reparar no trânsito.

Então aparece alguém que está esperando ônibus, que acena. Ela para, desce do carro e abre a porta do carona para ele. Quando eles retomam a viagem, ela olha carinhosamente para ele, ao lado. E ele – sem saber bem por que – conta-lhe toda sua vida. Na despedida, "em todo caso", ela lhe dá o seu número de telefone.

Na autoestrada ela guia com cuidado. De repente é ultrapassada por outro carro. Quando o que a está ultrapassando olha para ela, não consegue deixar de sorrir para ele. E seu sorriso tem um efeito de descontração.

Já de longe ela vê o congestionamento. "Pobres pessoas que têm de ir trabalhar", pensa ela. Só depois se dá conta de que ela também tem de esperar. E, visto que começa a pensar em como poderia diminuir o trabalho da sua irmã na preparação de sua visita (não, a irmã não lhe pediu nada disso), ela se distrai. Dois ou três carros se interpõem no vão que se abre à sua frente. Então alguém irritado logo reclama. Mas antes de prosseguir ela o ouve dizendo: "É preciso também que haja gente que traga amor para dentro do mundo". Em algum momento, ela percebe que seu estômago também começa a apertar.

Quando o congestionamento já se desfez, ela prossegue devagar. E, já que está atrasada mesmo, vai do estacionamento direto para seu escritório. Uma colega recebe a apressada e quer ajudá-la pegando suas bolsas pesadas. Ela faz um gesto enérgico e diz: "*eu* ainda dou conta de carregar algum peso".

À noite ela fica se perguntando: "Será que sou realmente competente apenas para os outros?"

A pessoa de sucesso

Antes de embarcar em seu elegante Cadillac, coloca sua jaqueta cuidadosamente no banco traseiro. Lentamente, atravessa a cidadezinha onde mora. Ele sempre se sente muito bem quando as pessoas podem admirar sua "carruagem americana". Ele não precisa se apressar, pois "planejou bem o tempo" do decorrer da manhã.

O perfume de sua água de colônia lhe agrada. Seu aparelho de *Hi-Fi* também está tocando uma música agradável. Com seu dedo anelar, no qual brilha uma grande pedra preciosa, ele vai acompanhando o ritmo da melodia suave. Ele está de bom humor.

Quando alcança a curva que dá para a estação de trem, interiormente começa a pensar em seus clientes. De repente ele ri, e entusiasmado dá três buzinadas. Teve uma ideia estratégica para convencer essa mula teimosa. Através do fone do automóvel pede à secretária para fazer alguns preparativos.

Apesar de não achar muito agradável o congestionamento, isso não o tira do sério. De novo serve-se do telefone do carro e passa instruções à secretária sobre as razões que ela deve alegar para justificar seu atraso aos clientes. Não tem lá suas vantagens chegar atrasado no Ministério da Fazenda?

Não, a pessoa de sucesso não pode ser ultrapassada. De jeito nenhum! Mas se alguém fizer menção de ultrapassá-la, logo dá um jeito de fechar o espaço. Mas quando uma bela mulher tenta passar, o movimento encorajador de sua mão esquerda se equipara àquele de um maestro. Além disso, dirige-lhe um belo sorriso. Meio perturbada, ela sorri de volta.

Agora chegou à sua vaga no estacionamento. Lentamente joga seu casaco às costas e se dirige a passos acelerados para seu novo afazer. Seguramente, sorrindo, cumprimenta seus empregados. Ele chegou! Ele sonda o espaço. Tudo vai dar certo.

O cliente (aquela mula teimosa) já o estava aguardando. Mas quando a pessoa de sucesso lhe aperta firmemente a mão de forma mais demorada que o usual, olhando-o calorosa e diretamente nos olhos, o incômodo que o outro sentia logo se desfaz.

À noite, lendo seu romance, uma frase o incomoda um pouco: "Ele era um homem que carregava muitas máscaras até que elas se tornaram muito pesadas".

A romântica

Ela não dirige um Volkswagen®, Chevrolet® e nem um Ford®. Não guia nenhum automóvel conhecido. Mandou vir do exterior um carro pequeno e robusto. Ela deixa transparecer que "possui algo" que dificilmente pode ser descrito. Em todo caso, muitos homens ficam olhando para ela com um olhar um pouco suspeito.

Depois de ter colocado graciosamente seus óculos de sol e ter sintonizado uma estação de música clássica, inicia tranquilamente sua viagem. Observa como nuvens escuras vão se interpondo ao sol, e pressente que isso é um sinal para sua vida. Depois de certo tempo, quando o sol volta a brilhar, sente um pouco de dor.

Aproxima-se da autoestrada. Seu rosto volta a refletir um sentimento desagradável. Diminui a velocidade. Reflete se não deveria fazer um passeio por algum caminho de floresta, calmo e sombreado. Ouve a voz da razão e se dirige para o trecho fastidioso.

Sem deixar de experimentar certo sentimento de desprezo, deixa que esses "proletários alucinantes" a ultrapassem. Bem que ela repara no olhar de alguns homens, mas aparentemente ela não dá bola para isso. A um motorista, um tipo musculoso, ela acha por demais atrevido. Quando ele simula um beijo com seus lábios grosseiros, ela coloca o dedo médio sobre o polegar e simbolicamente lança-o para um campo distante. (Se ele compreendeu ou não o sinal, isso não se sabe.) O congestionamento a torna melancólica. Também este parece ser um sinal para sua vida. Ela se inclina para frente e com uma ira contida aperta as duas mãos contra o volante. Ao avançar novamente, pensa meio desanimada: "Lá onde eu não estou está a felicidade".

Com habilidade, estaciona seu automóvel numa vaga bem estreita. Olha-se no espelho, retoca as sobrancelhas, suspira fundo e se encaminha para seu encontro. O homem que marcou com ela para discutir sobre arte cumprimenta-a com respeito. Ele gosta de sua sensibilidade.

À noite fica por longo tempo olhando para o espelho e pensando: "Quando é que vou aceitar a vida como ela é?"

A observadora

Ela, a observadora, guia um automóvel comum, sem nada de especial. Antes de comprá-lo, analisou diversas ofertas cuidadosamente, e tomou uma decisão racional.

Ela não está com pressa. Inclui o congestionamento no seu planejamento e sabe que chegará pontualmente no escritório. No rádio, escuta uma palestra inteligente sobre literatura moderna. Essa reforça o que ela leu ontem à noite num livro, antes de dormir.

Durante o primeiro trecho, ela esteve estudando os tipos de nuvens chamadas cúmulos no Ocidente e se admirava que no sul se possam ver as nuvens cirros. "Como surgem os cirros?", pensava. Está tão entretida com suas observações e reflexões que quase passa da entrada que dá para a autoestrada.

Quando os "apressadinhos" a ultrapassam, ela só balança a cabeça. O que terão na cabeça essas pessoas? Que papel desempenham ali os hormônios? Isso lhe recorda a conversa da noite anterior. Seu marido estava tão estranho ao dizer: "Gostaria de saber o que realmente acontece contigo". Ela não o compreendeu e desviou o assunto para seus planos profissionais.

Ela desacelera. Será que ele queria dizer alguma coisa, talvez que ele não se sinta bem com ela? Segura o volante com mais força do que o usual. "Por que será que só compreendo certas coisas bem depois que aconteceram?" – pergunta-se e volta a acelerar. "Nas férias deveria retomar essa conversa com ele."

Conforme planejado, ela alcança sua meta. De longe, ouve gente rindo alto no escritório. O alarde é reduzido quando ela entra na sala. Todos a cumprimentam cortesmente.

Não deixou de perceber que alguém queria contar uma piada, e ela o encoraja. Com certo receio a piada acaba sendo contada. O grupo se admira que a observadora ri alto e não mostra nenhum constrangimento frente ao tema picante.

À noite, quando vai repousar, lhe vem à mente uma pergunta: "O que eu perderia se permitisse me envolver com as pessoas mais do que faço?"

O leal

Seu vizinho comprou um carro dizendo que teria feito um "bom negócio". Como confia nele, encomendou para si também um carro da mesma marca.

Na despedida, toda a família se reuniu em frente de casa e acenou ao marido e pai (e não ao chefe da família!). A mulher e as crianças sabem que ele gosta desse ritual.

Ele guia com cuidado, portanto, devagar. Um caroneiro acena. Sem refletir ele lhe dá carona. Conversam animados. Mas quando o jovem diz que está na estrada para sua autorrealização, o leal fica calado.

Estamos na autoestrada. De certo modo, ele sente-se bem. Pessoas barulhentas. Todos têm algum objetivo. Uma grande família está a caminho. O mais bonito seria se todos juntos seguissem rumo à mesma meta.

Então vem o congestionamento. Aparenta que não vai se desfazer tão cedo. Nosso motorista sai do carro e logo começa a conversar com o motorista da frente. E visto que não se sabe bem o que ocasionou o congestionamento, há material abundante para conversar. Começa-se a falar também do tempo, quando num domingo por mês era proibido no país inteiro viajar de carro. "Era uma boa determinação", resmunga o leal, "ali voltava a haver espírito de vizinhança. Voltava-se a ter tempo para compartilhar, não é mesmo?", diz ele voltando-se a um velho senhor, sozinho num carro, e que não aparenta estar muito contente.

Quando a viagem prossegue, também o leal parece não estar muito contente. A conversa estava tão boa. Ele se despede de diversas pessoas com aperto de mão e diz: "Talvez nos vejamos de novo, algum dia".

Contente, retorna à "sua tropa". Quando alguém diz: "Já sentíamos tua falta", seu olhar logo fica iluminado.

À noite, ele está pensando no caroneiro. Então lhe ocorre uma pergunta: "Quem sou eu *propriamente? Naquela noite ele não consegue dormir como nas outras noites.*

O caçador de felicidade

Todos no lugar conhecem o fusquinha da caçadora de felicidade; já está velho. Ele é colorido. De cada lado, a dona orgulhosa pintou um sol amarelo dourado.

Buzinando alto, ela parte. Logo na primeira curva, encontra uma amiga e para de novo. "Estou atrasada", diz ela à amiga, e mesmo assim faz uma longa parada. Depois, sai cantando pneus.

Também ela dá carona a uma pessoa. Ao ouvir que ficaria muito feliz se ela fizesse um pequeno desvio para ela, sem pensar muito responde: "Mas é claro, sem problemas". O desvio só vai levar meia hora.

Por causa do desvio, acaba voltando exatamente no congestionamento. Ela abaixa o vidro da janela e pede gentilmente aos motoristas parados no congestionamento para poder entrar na pista. Eles não conseguem resistir. Em agradecimento, ela joga beijinhos com as mãos por todos os lados. Como a fila não anda, diversos motoristas saem do carro, inclusive a caçadora de felicidade. Faz calor. É provável que todos estejam com sede. Ela vai buscar uma grande garrafa de limonada no fusquinha, bebe o primeiro gole, com um gesto largo enxuga o gargalo da garrafa e passa-a adiante. Isso parece que dá um ânimo geral. Surgem gracejos e risadas. Alguém liga o rádio com volume alto e toca uma música de Udo Jürgens: "*Und immer, immer wieder geht die Sonne auf*" (O sol sempre se ergue de novo).

Que pena, a viagem tem de prosseguir. A caçadora de felicidade não tem nenhum celular consigo. Portanto, ninguém sabe, em seu lugar de trabalho, quando ela chegará. Mas ela gosta disso. "O que eles deveriam saber de minha vida?", diz ela em voz alta e ri. Por isso procura por uma vaga no estacionamento, sem pressa, e no caminho para o "Super", como ela o chama, ainda compra um sorvete.

Quando ela chega nessa grande casa seus colegas de trabalho não sorriem. O caixa onde ela trabalha está vazio. Em frente aos outros, se estende uma longa fila de espera. Também as pessoas que estão na fila de espera não estão muito animadas.

Sem preocupar-se muito com o uniforme de trabalho, a caçadora de felicidade senta-se em seu lugar no caixa e chama as pessoas que estão na fila de espera para passarem as mercadorias: "Se quiserem servir-se da mais pontual caixa da Europa, então que se aproximem". Todos riem.

À noite, quando se deixa cair exausta na poltrona, ela se pergunta: "Será que eu não poderia ser ainda mais feliz se às vezes eu fosse pelo menos um pouco menos espontânea?"

O chefe

Ele tem um automóvel grande. Não é como símbolo de *status*. Simplesmente o carro lhe pertence. Esse "negócio de despedida" em frente ao portão, ele já dispensou. Como ele se despede ou deixa de se despedir, isso é assunto seu.

Ele não tem necessidade de mostrar a ninguém quantos cavalos tem seu automóvel. Portanto, de início, ele não acelera muito o seu carro. Um carona acena. Ele nem sequer olha para o lado. Ele se compraz com a viagem. Estamos na estação de verão. O sol brilha por entre o teto solar. Não está pensando em seu trabalho. Sem ele, de qualquer modo, nada de importante acontece. Quando ele vislumbra um caminho de floresta ensolarado, ele para o carro e vai fazer um passeio. Quem espera por *ele*, que espere sentado.

Quando o carro se aproxima da autoestrada, fica um pouco tenso. Ele gosta desse trecho. A faixa da esquerda é sua preferida. Deixar que o ultrapassem não é muito o seu forte. Ele acelera. Seu pé afunda como chumbo no pedal. Se há algum carro impedindo sua passagem, logo pisca o farol. Está em seu elemento. Se a "lesma" não sair logo da frente, ele avança e quase cola em seu parachoque. Quando há algum ousado que realmente tenta ultrapassá-lo, ele dá três pisadinhas no freio, de modo que o impertinente atrás dele se intimide e permaneça para trás.

No congestionamento, não há muito o que fazer, mas congestionamento não combina com ele. Naturalmente ele permanece no carro, telefona para a polícia rodoviária, mas a informação que recebe não o deixa tranquilo. Ele telefona, então, para sua empresa e passa rápidas informações para as próximas horas.

O tempo passa. Ele procura não se enervar. Não xinga. Em todo caso, ele reflete: quando irá encontrar os responsáveis por esse trecho da autoestrada para pedir satisfações sobre essas regulamentações diletantes.

Então acontece alguma coisa que dificilmente alguém esperaria dele: ele tira uma foto infantil do bolso da camisa. Olha carinhosamente para sua filha (agora já adulta), que ora viaja para a América e sorri.

Quando passa pelo *hall* de entrada da empresa, os colaboradores lhe mostram respeito. Ele não se detém em nenhum, vai cumprimentando um por um com um amigável cumprimento de cabeça.

À noite, quando por acaso lhe vem à mente o congestionamento e sua predileção pela faixa da esquerda, surge-lhe uma pergunta: "Por que preciso ser sempre o primeiro? Não sou suficientemente forte para, por uma vez que seja, andar atrás dos outros?"

A original

A original gostaria de não ter nenhum carro, pois não gosta da disputa que se dá na estrada. Mas, por causa do lugar onde mora, teve de comprar um. É um carro modesto, comprado de segunda mão.

Ao volante, ela fica inclinada para frente. No primeiro trecho da viagem, guia com bastante cuidado. Quando um carona acena, ela lhe faz um sinal se desculpando. Ela bem que gostaria de lhe dar carona, mas o temor de que poderia ser alguém violento a faz seguir adiante. Ela se alegra com as nuvens em forma de ovelhas que aparecem no céu. O mesmo se presta também para a música suave do rádio, a qual ela acompanha cantando baixinho.

Se pelo menos não houvesse autoestrada! Mas não há outro caminho a não ser esse. Ela está no final da estrada de acesso quando vê chegar um caminhão. Será que deve continuar ou deter-se? Ainda daria tempo. Mas até que se decida a partir, já é tarde. Agora ela poderia entrar. Não sabe se outro carro, que vem atrás do caminhão, tem distância suficiente do caminhão para ela poder entrar. Ela sopra o cabelo que caiu sobre o rosto. De novo ela precisa esperar. E lhe escapa baixinho um "merda!"

Está feito, conseguiu entrar na rodovia. Ela olha, inquieta, pelo retrovisor para ver se não há carros muito perto. Por ora, é impossível pensar em outra coisa que não o trânsito.

O congestionamento para ela é quase um alívio. Ela se encosta no banco. Não está irritada nem inquieta. Mesmo quando o congestionamento dura mais que o esperado, ela continua tranquila. Sequer lhe ocorre sair do carro. Em vez disso, está pensando no conto que leu ontem antes de dormir. Falava-se ali de uma casa antiga, cuja parte de trás foi construída incrustada numa montanha. Só quem conhecia esse detalhe eram algumas pessoas pacíficas que moravam em casas semelhantes à da vizinhança.

De repente, alguém buzina atrás dela. Ela se assusta. O trânsito está andando. Ela tem a impressão de encontrar-se numa matilha de lobos famintos. Embora a maioria dos carros saia apressada, ela segue vagarosamente.

Chega atrasada. Mesmo assim, as colegas cumprimentam-na amigavelmente. Elas sabem que não está a postos na hora exata por algum tipo de impedimento. Uma mulher a chama de lado e lhe sussurra ao ouvido: “Quando você não está presente, o mundo aqui vira uma bagunça”.

À noite ela pensa na amizade de suas colegas. E ali ouve uma voz lhe dizer: “As pessoas precisam de você mais do que você imagina”.

Conclusão

Caros leitores e leitoras, visto que muitos de vocês têm a tendência de ler primeiro a conclusão de um livro, repito aqui o que eu já disse no início: Não, você não é um tipo. Você *tem* um tipo. Conhecê-lo é importante, mas nem tanto. É evidente que você pode ser feliz também sem conhecer essa realidade.

Apesar disso, tomar conhecimento de sua própria tipologia é uma ajuda a mostrar nossos pontos fracos e nossas possibilidades, desafiando-nos a reduzir as primeiras e fomentar as últimas. O eneagrama pode representar um auxílio sobretudo para que alcancemos nosso *si-mesmo* no decorrer do tempo. Além disso, quem se aventurar em pensar e em sentir as outras "faces" da alma, experimentará uma convivência cada vez mais compreensiva e leve.

E, além do mais, como seria bom se fôssemos ao encontro de nós mesmos e dos outros com mais bom humor e alegria! Isso porque essas possibilidades especificamente humanas minoram o abatimento, a agressividade e todas as outras sensações, percepções e ações contrárias à vida. O caminho só toma esse rumo através da *compreensão* do que nós somos: pessoas com um determinado modelo de personalidade *e* um núcleo originário próprio, pessoas dotadas de contradições *e* força suficiente para uma vida pautada na fortaleza.

Referências

BÖSCHEMEYER, U. *Begeisterung fürs Leben* – Die Kraft deiner Gedanken. Hamburgo: Ellert & Richter, 2013.

______. *Sag Ja und lebe!* – Meditationen für jeden Tag. Hamburgo: Ellert & Richter, 2007.

______. *Das Leben meint mich* – Meditationen für den neuen Tag. Hamburgo: Ellert & Richter, 2004 [6. ed., 2013].

______. *Allein leben* – Probleme und Chancen. Hamburgo: Ellert & Richter, 2002.

______. *Die Sprache der Träume*. Hamburgo: Ellert & Richter, 2002.

______. *Sich selbst bejahen*. Hamburgo: Ellert & Richter, 2002.

______. *Sinn für mein Leben finden*. Hamburgo: Ellert & Richter, 2002.

O eneagrama[6]

O eneagrama (do grego antigo *ennea*, "nove", e *gramma*, "letra, tipo") significa um símbolo esotérico de nove pontas, que, como modelo de estrutura gráfica, distingue nove qualidades adotadas como fundamentais e as refere mutuamente. Este capítulo descreve, sobretudo, a versão "moderna" do eneagrama da personalidade.

Todas as tipologias (12 signos astrológicos, 4 temperamentos de Hipócrates, 16 tipos de Myers-Briggs etc.) têm a desvantagem de desconsiderar, forçosamente, a singularidade, originalidade e peculiaridade do indivíduo. Por isso muitos psicólogos lhes fazem grandes e compreensíveis restrições. É grande o perigo de forçar a si e a outros para dentro de um compartimento de certo signo zodiacal e aí estabelecer-se para sempre. A descoberta de "regularidades" no comportamento humano abre espaço para a possibilidade de mudança e de libertação do peso do determinismo. Esta possibilidade é oferecida pelo eneagrama.

O eneagrama é um mapa bem antigo. À semelhança de outras tipologias, descreve diferentes tipos de caráter. Mas isto é apenas o começo. Além da descrição de estados de espírito, o eneagrama possui uma dinâmica interna bastante complexa. Exige muito aprofundamento quando aprendido e assumido conforme sua intenção original. O eneagrama pode ser um jogo divertido de autoexperimentação, mas a sua potencialidade é muito maior. Ele também tem

6 Cf. ROHR, R. & EBERT, A. *O eneagrama* – As nove faces da alma. Petrópolis: Vozes, 2013. • *Wikipedia* em alemão.

a capacidade de ser empregado para mudar. Confronta-nos com as determinações e leis sob as quais vivemos – na maioria das vezes de modo inconsciente – e nos convida a superá-las e a caminhar no campo da liberdade.

História

As origens do eneagrama são bastante desconhecidas e, por isso, conduzem facilmente a especulações. Provavelmente foi usado durante séculos por mestres e diretores espirituais. As raízes mais antigas remontam, segundo opinião de alguns, há mais de dois mil anos. É bastante seguro que tenha sido aperfeiçoado por algumas irmandades sufistas no fim da Idade Média.

A sabedoria do eneagrama foi uma tradição estritamente oral, passada por mestres a discípulos durante séculos. Ligações com as especulações matemáticas da cabala judaica e com a doutrina cabalística da árvore da vida são meras coincidências; também a doutrina cristã dos pecados capitais ou vícios (séc. IV) deixou evidentemente suas marcas: todos os sete pecados capitais clássicos da tradição eclesiástica também se encontram entre os nove pecados de raiz do eneagrama. Os nove frutos espirituais do eneagrama são quase iguais à lista dos nove "frutos do espírito" que Paulo enumera em Gl 5,22. Há também relações com os "estágios de desenvolvimento" em Evágrio Pôntico, um místico cristão do século IV. Todos esses paralelos podem ser vistos como estágios prévios do eneagrama; não há, porém, qualquer demonstração do eneagrama sendo empregado como sistema tipológico.

O caucasiano Georg Iwanowitsch Gurdjieff (1870-1949), por aventura e curiosidade, estudou, quando jovem, a mística tibetana, sufista, indiana e cristã e, depois disso, atuou no Ocidente como guru e diretor espiritual. Conheceu o eneagrama no Afeganistão – segundo ele mesmo informa – e o descreveu como um *perpetuum mobile*. Parte das formas de dança e de movimentos que desenvolveu se baseia na dinâmica do eneagrama. Gurdjieff comparou o eneagrama à legendária "pedra filosofal" e ressaltou que "não era encontrado em parte alguma da literatura ocultista [...] Era atribuída ao eneagrama tão grande importância pelos sábios que achavam necessário manter em segredo seu conhecimento"[7]. Nos quadros da Teoria do Quarto Caminho, que ele expôs a alguns alunos em 1916, especialmente a P.D. Ouspensky, ele faz associações com a *lei da oitava* (também chamada de *lei dos sete*) com a *lei do três*, a tríade[8]. Como doutrina psicológica dos tipos, o eneagrama teve para Gurdjieff papel secundário. O autor apenas descreveu um instrumento processual para o autodesenvolvimento, jamais uma simbolização de diversos tipos de personalidade.

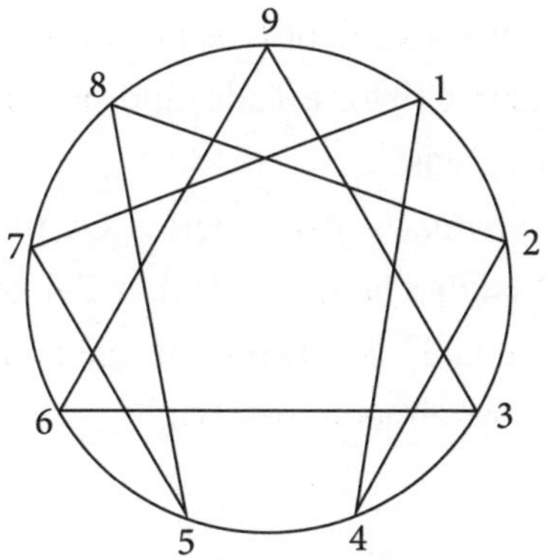

Atualmente, a forma mais conhecida de eneagrama como "espelho da alma" remonta sobretudo a Oscar Ichazo. Afirma ele ter aprendido este sistema com os mestres sufistas em Pamir (Afeganistão) e antes de tomar conhecimento dos escritos de Gurdjieff. Nos anos de 1950 e de 1960, Ichazo lecionou em La Paz (Bolívia)

7 Apud OUSPENSKY, P.D. *Auf der Suche nach dem Wunderbaren*. Munique, 1978, p. 422 [Trad. bras.: *Fragmentos de um ensinamento desconhecido* – Em busca do milagroso. Rio de Janeiro: Pensamento].

8 OUSPENSKY, P.D. *Auf der Suche nach dem Wunderbaren*, 1966.

e Arica (Chile). Em 1971 foi para os Estados Unidos[9]. O psiquiatra Claudio Naranjo, do Instituto Esalen em Big Sur, Califórnia, aproveitou o modelo de Ichazo e o aperfeiçoou. Vários jesuítas americanos, sobretudo o Padre Robert Ochs, tomaram conhecimento do modelo através de Naranjo. Depois de experimentos que duraram anos e acurado exame teológico, os jesuítas decidiram assumir o eneagrama como instrumento de acompanhamento espiritual e modelo dos retiros espirituais.

O eneagrama foi desenvolvido em três vertentes básicas:

1) *A doutrina de Ichazo*: Treinamento na Arica School (designam o eneagrama como "enneagon").

2) *Interpretação cristã*: os representantes dessa corrente são Richard Rohr, Andreas Ebert, Bob Ochs, dentro de uma tradição jesuítica. Os mais fortes dentre os nove tipos de eneagrama são atribuídos a Jesus Cristo, e cada tipo possui um determinado caminho rumo a Deus[10].

3) *Corrente espiritual e psicológica*: Os representantes dessa corrente são Claudio Naranjo, Helen Palmer e Don Richard Riso. O eneagrama é visto como um meio para o autoconhecimento e para o crescimento pessoal.

O símbolo

Geometria e numerologia

O símbolo do eneagrama representa uma figura de nove ângulos inscrita num círculo, que se combina com um triângulo equilátero e uma figura hexagonal[11].

---

9 Cf. KEEN, S. Oscar Ichazo and the Arica Institute. *Psychology Today*, julho/1973, p. 66-72.

10 ROHR, R. *Enneagramm II* – Advancing Spiritual Discernment. 1. ed. Crossroad, 1995.

11 Cf. OUSPENSKY, P.D. *Fragmentos de um ensinamento desconhecido* – Em busca do milagroso. Rio de Janeiro: Pensamento.

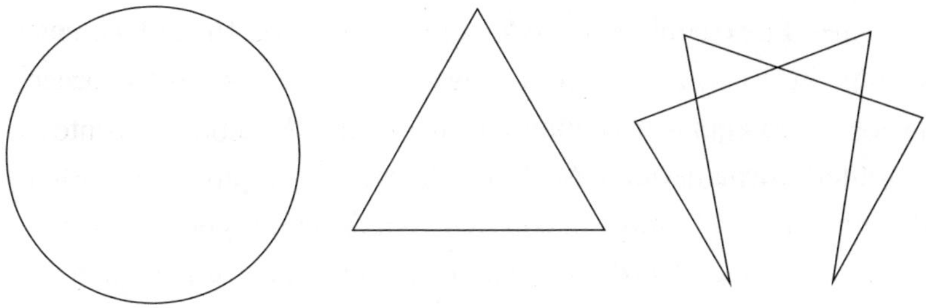

Ali os nove cantos são numerados em sentido horário, começando pelo ângulo superior direito da figura hexagonal.

Significado simbólico

A estrutura figurativa do eneagrama pode ser interpretada do seguinte modo: o círculo representa uma natureza divina circum-abrangente, assim como a essência e a perfeição da vida. O triângulo representa o não dual, mas a tríade tese/antítese/síntese, criado/aniquilado/regenerado, positivo/negativo/neutro etc. Contrariamente a isso, o hexágono representa o não perfeito, o caótico. Mas é descrito também como materialização de uma ideia, de um princípio abstrato (no árabe, *wham*).

Além dessas, podem ser deduzidas do eneagrama outras figuras como subsímbolos, junto com suas correspondências. Assim, por exemplo, o pentágono, que surge do círculo interno da figura hexagonal, quando se liga ainda os ângulos cinco e quatro. Pode ser associado aos cinco elementos[12].

Entre os pontos quatro e cinco está a maior distância entre dois tipos contíguos, o que expressa a distância entre o âmbito da cabeça (masculino) e o âmbito do coração (feminino)[13].

12 BAUER, I. & BAUER, K. *Enneagramm* – Stufen zur Vollkommenheit. 1994.

13 ROHR, Richard. *Enneagramm II* – Advancing Spiritual Discernment. 1. ed. Crossroad, 1995, p. 155s.

História do símbolo

Apesar de o símbolo ter sido introduzido em 1916 por Georges I. Gurdjieff (1877-1940), há fortes suspeitas de que Gurdjieff tenha sido influenciado aqui por Raimundo Lullo e por Athanasius Kircher[14]. Gurdjieff afirmara que descobriu o hexágono irregular no mosteiro de uma irmandade sufi, em conexão com dançarinos do templo[15].

O símbolo de Gurdjieff foi adotado por inúmeros autores e desdobrado no modelo conhecido hoje da tipologização psíquico-espiritual da personalidade[16].

Bases do eneagrama da personalidade

Classificação em tipos

Em contraposição aos quatro temperamentos antigos – colérico, sanguíneo, melancólico e fleumático –, o eneagrama da personalidade é utilizado para classificar as pessoas em nove tipos de personalidade considerados fixos. Não há tipos mistos.

Se se tenta encontrar o tipo de outras pessoas, pode-se chegar a erros de avaliação mesmo quando isso é feito pelos mais experientes mestres do eneagrama. Na maioria das vezes, esse erro se baseia no fato de que são observados apenas alguns aspectos de uma pessoa, olhando apenas para o comportamento, em vez de considerar todo o conjunto, inclusive seu estilo de percepção e sua essência.

Fazem parte do conjunto da figura, em primeiro lugar, focar na percepção e na paixão que subjaz ali (temperamento, motivação). Os demais:

- o sistema de valores de uma pessoa;
- os modos de ver e os posicionamentos que se depreendem deles;

---

14 WEBB, K. *Enneagramm*, 1980, p. 499-542 [Trad. bras.: *Eneagrama*. São Paulo: Avatar]. • BARTELS, 2005, p. 60-71.

15 O filme homônimo com a autobiografia de Gurdjieff, *Meetings with Remarkable Men* (1979), aponta que se trata do hexágono irregular e não do símbolo completo.

16 Cf. BARTELS, 2006, p. 6-99.

- o que faz com que ela tenha determinadas prioridades;
- o que a leva a adotar determinados modos de comportamento;
- determinada forma de comunicação e escolha vocabular ("palavras-chave").

Depois, isso se reflete também na estrutura e na postura corporais. Para se tirar conclusões disso, porém, requer-se uma análise bem mais complexa (p. ex., dos subtipos etc.).

Enquadramento psíquico-espiritual ou religioso

O eneagrama não deve ser compreendido como religião, nem tampouco deve servir como religião substituta ou como substituto da fé. Todavia, pode ser empregado como recurso para auxiliar a tomar consciência, por exemplo, das próprias fraquezas; assim (no contexto cristão) pode ser usado como "manual para o confessionário" (Dietrich Koller)[17]. O eneagrama é um símbolo de conversão (e nada tem a ver com a busca moderna por "encontrar a si mesmo"). Os mais importantes autores atuais sobre o eneagrama distinguem entre um si-mesmo "falso" ou "ego" e um si-mesmo "verdadeiro" (divino) (designação tirada de Richard Rohr: *false self/ego* e *true self*; Don Richard Riso fala da *personalidade* como o modelo do ego "retraído" (*ego fixation*), que separa a pessoa de sua *verdadeira essência* ("*essence*")). O caminho que leva a essa meta é chamado de "transformação".

Testes tipológicos

Riso e Hudson desenvolveram a partir da década de 1990 uma série de testes, mais ou menos abrangentes, para ajudar a descobrir o tipo de eneagrama; a versão completa é a Riso-Hudson Enneagram Type Indicator (Rheti)[18], cuja versão atual consiste de 144 questões

---

17 KOLLER, D. "O arrependimento de que ninguém se arrepende". Posfácio in: ROHR, R. & EBERT, A. *O eneagrama* – As nove faces da alma. Petrópolis: Vozes, 2013, p. 286-299.

18 Artigo RISO & HUDSON. "Enneagram Type Indicator", na Wikipedia inglesa.

a serem respondidas. O teste se abaliza no fato de que sua confiabilidade foi demonstrada cientificamente e de forma imparcial.

Visão panorâmica dos nove tipos

A teoria moderna do eneagrama afirma que cada ser humano se adapta perfeitamente numa das nove descrições, e que esse tom fundamental de sua personalidade não se modifica no decurso de sua vida. A teoria afirma, no entanto, que o eneagrama não consegue captar as particularidades biográficas de uma pessoa, mas apenas sua tipologia do eneagrama.

A maioria dos autores prefere designar os tipos de acordo com seus números (o "um", o "dois" etc.), uma vez que os números têm um valor neutro. Mas existem nomes diversos para os tipos, de modo que eles não são unitários.

Tipo 1: O reformador / perfeccionista / idealista / o protetor da ordem
Autoevidência: ter razão
Aspecto positivo: confiável
Aspecto negativo: dogmático
Tentação: ira / raiva

Tipo 2: Auxiliador / doador
Autoevidência: ajudar
Aspecto positivo: enfático
Aspecto negativo: instável
Tentação: orgulho

Tipo 3: Pessoa de sucesso / feitor / dinâmico
Autoevidência: ser bem-sucedido (o melhor)
Aspecto positivo: dinâmico
Aspecto negativo: mania por *status*
Tentação: engano / mentira / engodo

Tipo 4: (Trágico) romântico / artista / individualista / extravagante
Autoevidência: ser diferente
Aspecto positivo: sensível
Aspecto negativo: humor instável
Tentação: inveja

Tipo 5: Observador / pensador / pesquisador
Autoevidência: analisar
Aspecto positivo: objetivo
Aspecto negativo: esnobe
Tentação: avareza

Tipo 6: Leal / angustiado / guardião / cético / advogado do diabo
Autoevidência: cumprir o dever
Aspecto positivo: sincero
Aspecto negativo: supercrítico
Tentação: temor

Tipo 7: Caçador de felicidade / hedonista / gozador / otimista / faceiro / epicureu / entusiasta
Autoevidência: ser feliz
Aspecto positivo: leveza do ser
Aspecto negativo: narcisista
Tentação: cobiça

Tipo 8: Chefe / desafiador / líder / dirigente
Autoevidência: ser forte
Aspecto positivo: autoconsciente
Aspecto negativo: mania de poder
Tentação: voluntarismo

Tipo 9: Original / amante da paz / mediador / pacificador
Autoevidência: estar satisfeito
Aspecto positivo: tranquilo
Aspecto negativo: fleumático
Tentação: preguiça

Dimensões profundas

Tríades

Segundo a tipologia da personalidade do eneagrama, cada ser humano dispõe de três centros de inteligência: cabeça (compreensão/razão), coração (emoções) e ventre (instinto).

Em cada ser humano, um desses centros é o predominante. Isso leva a uma divisão de três âmbitos, que englobam respectivamente três tipos paralelos no eneagrama:

- tipos ventre (tríade instintiva): 8, 9 e 1;
- tipos coração (tríade sentimento): 2, 3 e 4;
- tipos cabeça (tríade pensamento): 5, 6 e 7.

Os tipos medianos das tríades estão ligados pelo triângulo equilátero.

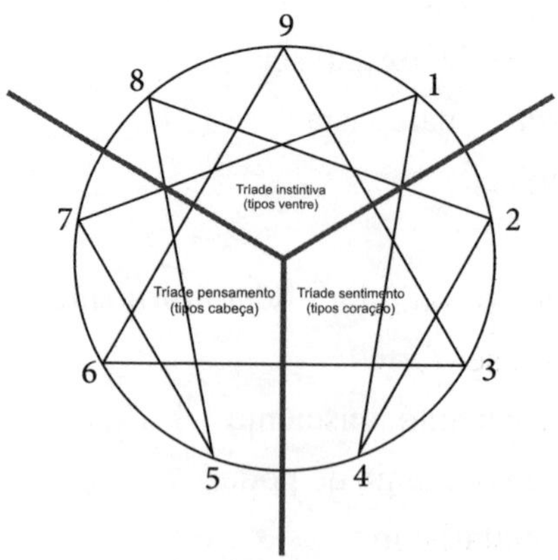

As tríades descrevem como ou em que nível um tipo observa numa medida específica o mundo e, com isso, também como ele o sente e como age. Através desse mecanismo, apresenta-se igualmente o princípio do ego.

Uma visão geral sobre as tríades e seus âmbitos corpóreos dominantes, assim como seus temas vitais:

Tríade: tipos 8, 9, 1

Fixação: instintivo

Regiões do corpo / funções do corpo dominantes[19]: aparelho digestivo, plexo solar cinestético/héptico

Sentidos: olfato, audição

Temas vitais centrais[20]: poder, justiça, agressão

Caráter: rígido ou anti-interceptivo (é o contrário de interioridade ou interesse naquilo que acontece no espírito)

Tríade: tipos 2, 3, 4

Fixação: emocional

Regiões do corpo / funções do corpo dominantes: coração, sistema circulatório

Sentidos: tato, paladar

Temas vitais centrais: relações, pró-ser, prestígio / imagem

Caráter: histérico (modo sedutor, grande capacidade expressiva, atuação teatral)

Tríade: Tipos 5, 6, 7

Fixação: pensativo

Regiões do corpo / funções do corpo dominantes: cérebro, sistema nervoso central

---

19 ROHR, R. & EBERT, A. *O eneagrama* – As nove faces da alma. Petrópolis: Vozes, 2013, p. 44-49.

20 NARANJO, C. *Das Enneagramm der Gesellschaft* – Die Übel der Welt, das Übel der Seele. Petersburgo, 1988, p. 28.

Sentido: visão

Temas vitais centrais: controle, compreensão, ordem

Caráter: esquizoide (psiquicamente dividido)

Asa

Na maioria das vezes, um tipo pode também estar remetido para um de seus dois vizinhos diretos. Por exemplo, o 4 poderia ter propriedades do 3 ou do 5. Via de regra, um deles tem influência sobre seu vizinho próximo; esse então é chamado de asa (no inglês, *wing*). Há, portanto, por exemplo, um 4 com asa terceira, ou um 4 com asa quinta ou um 5 com asa quarta etc.

Variantes instintivas / Subtipos

Além disso, cada tipo se diferencia ainda em três *variantes instintivas* (*subtipos*), o subtipo social (ou sociável), o subtipo sexual ou o subtipo autossustentável.

Linhas de desenvolvimento (*setas*)

No símbolo do eneagrama cada número possui duas linhas de ligação. Essas linhas são setas, sendo que de cada tipo segue-se uma seta, uma que aponta para um "mau" desenvolvimento do tipo (designado como desintegração, involução, ponto de estresse ou "falso consolo" – primeira figura a seguir), e outra que leva adiante e representa a linha de desenvolvimento do tipo (designada como integração, evolução, ponto de relaxamento ou "consolo verdadeiro" – segunda figura a seguir).

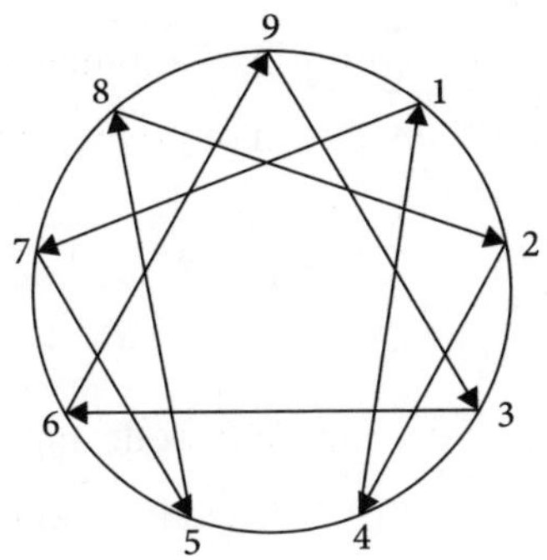

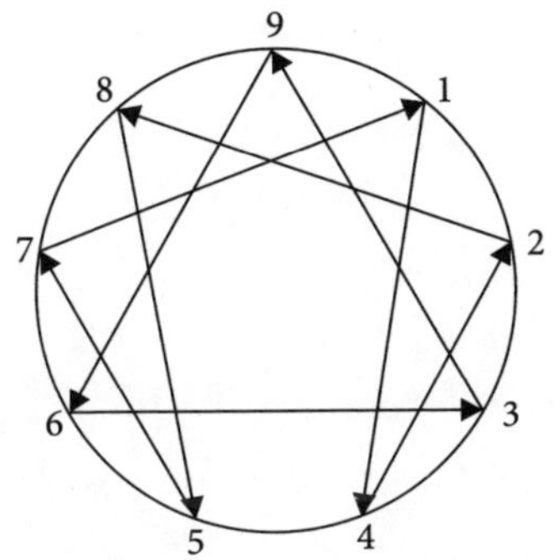

Estágios de desenvolvimento

Cada tipo abarca mais ou menos âmbitos amadurecidos (estágios de desenvolvimento) que podem ser subdivididos em três partes:

- âmbito insano / não resolvido / disfuncional;
- âmbito mediano / normal / intermédio;
- âmbito maduro / resolvido / sadio.

Don Richard Riso definiu nove estágios de desenvolvimento (níveis), a saber, três para cada um dos três âmbitos[21].

21 Cf. RISO, D.R. & HUDSON, R. *A sabedoria do eneagrama*. Rio de Janeiro: Cultrix, 2014.

O eneagrama

As nove faces da alma

Richard Rohr
Andreas Ebert

O eneagrama é uma tipologia bastante antiga já utilizada pelos sufistas, semelhante às demais tipologias. Resume as mais variadas formas de comportamento a nove tipos básicos e suas respectivas combinações. Estuda o homem tanto no seu interior como nos seus condicionamentos externos, convidando-o a conhecer a si mesmo para superar-se. Como método de ajuda espiritual, o eneagrama é compatível com a tradição cristã. Se baseia em uma dinâmica que busca a mudança, a conversão. O livro destina-se a todos que querem chegar a um autoconhecimento mais profundo e especialmente a psicólogos, sacerdotes e religiosos dedicados à orientação e direção espiritual. Sua leitura é aconselhável a qualquer pessoa interessada em conhecer melhor seu comportamento e o comportamento dos outros para tornar mais fácil a convivência.

Exercícios para a alma

Assim como nosso corpo, nossa alma precisa de alimento e cuidados regulares. Elaborado pelo grupo de autores que faz os *Cadernos de exercícios*, este livro é um companheiro perfeito para fazer todos os dias, e com pouco esforço, algo de bom.

Ele oferece pequenos exercícios, testes e meditações que nos inspiram positivamente e nos deixam atentos também para lidar com as outras pessoas. São impulsos que nos ensinam a desapegar de coisas negativas, reconhecer momentos de felicidade, tornar-nos autoconfiantes ou nos libertar da pressão do tempo. Um pequeno programa de treinamento para o bem-estar, do qual você não vai mais querer abrir mão.

EDITORA
VOZES